쓰면서 배우는
알파벳과 발음
BOOK

엮은이 **박준영**은 대학에서 영어를 전공하고 미국으로 건너가서 현지 원어민과 함께 생활하면서 살아있는 생생한 영어를 체험하고 돌아와 영어를 잘하고 싶어하는 수많은 사람들을 위해 여러 교육기관에서 강의 활동을 했습니다. 지금은 영어를 배울 기회를 놓쳤거나 처음부터 새롭게 시작하려는 분들을 위해 재미있고 쉬운 영어학습서 개발에 힘을 쏟고 있습니다.

쓰면서 배우는
알파벳과 발음 BOOK

2013년 11월 20일 초판 1쇄 발행
2023년 11월 15일 초판 31쇄 발행

엮은이 박준영
발행인 손건
마케팅 최관호
디자인 김선옥
제작 최승용
인쇄 선경프린테크

발행처 **LanCom** 랭컴
주소 서울시 영등포구 영신로34길 19, 3층
등록번호 제 312-2006-00060호
전화 02) 2636-0895
팩스 02) 2636-0896
이메일 elancom@naver.com

ⓒ 랭컴 2013
ISBN 979-89-98469-20-7   13740

이 책의 저작권은 저자에게 있습니다. 저자와 출판사의 허락없이 내용의 일부를 인용하거나 발췌하는 것을 금합니다.

이보다 더 쉬울 순 없다

쓰면서 배우는

알파벳과
발음 BOOK

박준영 엮음

Lan Com
Language & Communication

이 책의 특징

처음 시작하는 영어, 몇 번이고 포기했던 영어, 단언컨대 이제는 알파벳과 발음을 제대로 익혀야 자신 있게 첫걸음을 시작할 수 있습니다. 이 책은 단순히 알파벳 펜맨십이 아닙니다. 알파벳은 물론 파닉스를 통해서 영어 단어를 빠르고 쉽게 읽고 쓰기를 완벽하게 할 수 있도록 구성된 책입니다. 또한 랭컴출판사 홈페이지(www.lancom.co.kr)를 통해서 무료로 제공한 MP3 파일에는 원어민의 정확한 발음을 들을 수 있습니다.

PART 1 알파벳 쓰면서 익히기

영어 알파벳은 26글자로 각 글자마다 이름과 소리(sound)가 따로 있습니다. 여기서는 알파벳의 이름은 물론 대문자와 소문자를 쓰기 순서에 맞춰 정확하게 쓸 수 있도록 구성했습니다. 또한 소릿값은 제시된 4개의 단어를 그림과 함께 보면서 발음을 익힐 수 있도록 했습니다. 또한, MP3 녹음에는 원어민이 천천히 또박또박 읽어주므로 큰소리로 따라서 반복하여 학습하기 바랍니다.

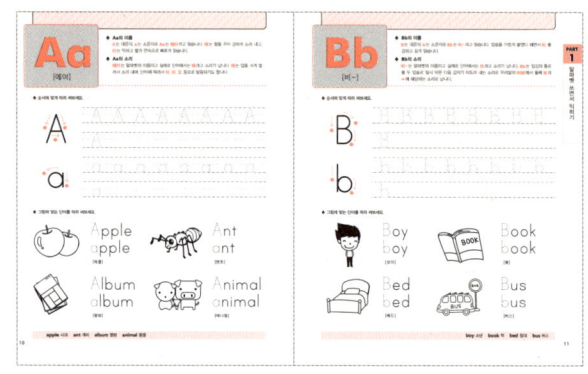

PART 2 파닉스로 발음 익히기

예전에 단어를 익힐 때는 발음기호를 별도로 익혀서 영어를 읽는 방식이었습니다. 그러나 이 책은 요즘 어린이들이 영어를 배울 때 필수적으로 배우는 파닉스를 다루었습니다.
파닉스(phonics)란 발음을 중심으로 어학을 학습하는 방법입니다. 즉, 문자가 가지고 있는 고유한 소리를 익히고 그 소리를 조합하여 단어를 읽는 규칙입니다. 한글에서도 각각의 낱글자가 조합되어 하나의 음절을 이루듯이 영어 또한 이런한 원리를 가지고 있습니다.

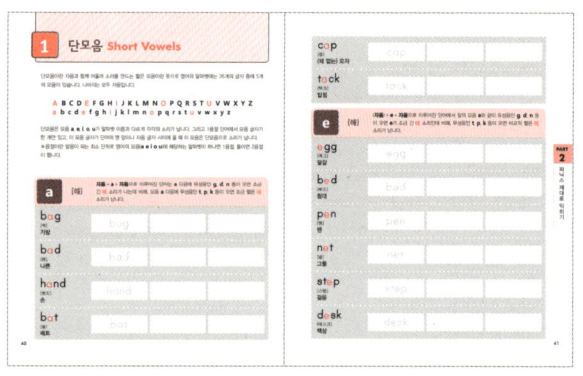

이런 파닉스의 원리를 제대로 이해하고 익히면 발음기호를 보지 않고도 단어를 읽을 뿐만 아니라 단어도 빠르고 쉽게 습득할 수 있습니다. 물론 사전을 찾아보고 정확한 발음을 익히기 위해 우리가 지금까지 배웠던 발음기호도 함께 다루었습니다.

PART 3 주제별 단어로 발음 익히기

일상생활에서 쉽게 접할 수 있는 주제별 단어를 중심으로 간단한 예문 등을 통해 쓰기는 물론 발음을 반복 학습할 수 있도록 구성했습니다. 영어 발음은 일단 굳어지면 여간해서 고치기가 어려우므로 처음부터 올바른 발음을 접하는 것이 중요합니다. 원어민의 발음을 몇 번이고 따라 들으면서 자기 것으로 만들도록 합시다.

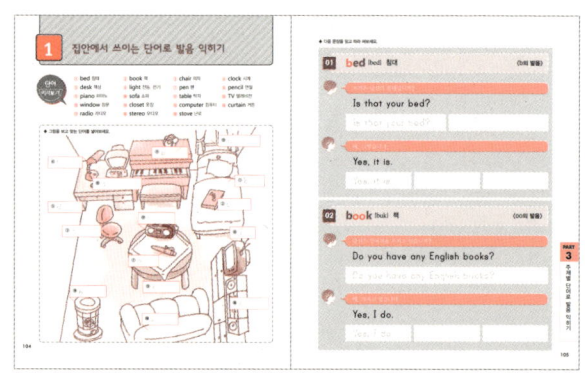

차 례

PART 1
알파벳 쓰면서 익히기

알파벳 문자 Alphabet Letters	8
알파벳 소리값 Alphabet Sounds	9
알파벳 Aa ~ Zz	10

PART 2
파닉스로 발음 익히기

파닉스 발음 차트	38
1. 단모음 Short Vowels	40
2. 장모음 Long Vowels	45
3. 이중모음 Double Vowels	50
4. 이중자음 Double Consonants	68
5. 묵음 Silent Syllable	89
6. 자음을 나타내는 발음기호 Consonant	97
7. 모음을 나타내는 발음기호 Vowel	100

PART 3
주제별 단어로 발음 익히기

1. 집안에서 쓰이는 단어로 발음 익히기	104
2. 의복에 관련된 단어로 발음 익히기	112
3. 주방에서 보이는 단어로 발음 익히기	120
4. 스포츠와 취미 단어로 발음 익히기	128
5. 가족에 관련된 단어로 발음 익히기	136

PART 1

알파벳
쓰면서 익히기

- ✔ 알파벳 문자 Alphabet Letters — 8
- ✔ 알파벳 소리값 Alphabet Sounds — 9
- ✔ 알파벳 Aa ~ Zz — 10

알파벳 문자
Alphabet Letters

알파벳 소릿값
Alphabet Sounds

PART 1 알파벳 쓰면서 익히기

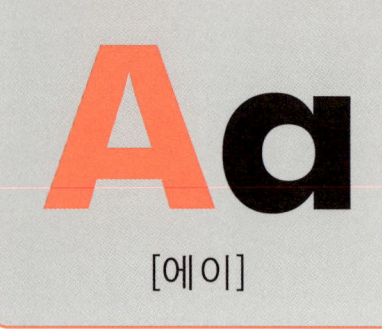
[에이]

♣ **Aa의 이름**
A는 대문자, a는 소문자로 **에이**라고 읽습니다. **에**는 힘을 주어 강하게 소리 내고, **이**는 약하고 짧게 연속으로 빠르게 읽습니다.

♣ **Aa의 소리**
에이는 알파벳의 이름이고 실제로 단어에서는 **애**라고 소리가 납니다. **애**는 입을 크게 벌려서 소리 내며, 단어에 따라서 **아**, **어**, **오** 등으로 발음되기도 합니다.

♣ 순서에 맞게 따라 써보세요.

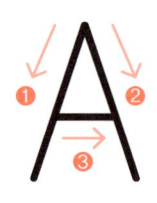

♣ 그림에 맞는 단어를 따라 써보세요.

Apple
apple
[애플]

Ant
ant
[앤트]

Album
album
[앨범]

Animal
animal
[애니멀]

apple 사과   **ant** 개미   **album** 앨범   **animal** 동물

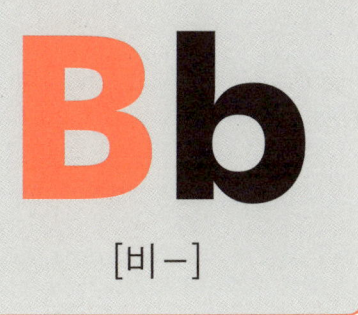

♣ **Bb의 이름**
B는 대문자, b는 소문자로 **비-**라고 읽습니다. 입술을 가볍게 붙였다 떼면서 **비-**를 강하고 길게 읽습니다.

♣ **Bb의 소리**
비-는 알파벳의 이름이고 실제로 단어에서는 **브**라고 소리가 납니다. **Bb**는 입김의 통로를 두 입술로 일시 막은 다음 갑자기 터뜨려 내는 소리로 우리말의 **바보**에서 둘째 **보**의 ㅂ에 해당하는 소리로 납니다.

PART **1** 알파벳 쓰면서 익히기

♣ 순서에 맞게 따라 써보세요.

♣ 그림에 맞는 단어를 따라 써보세요.

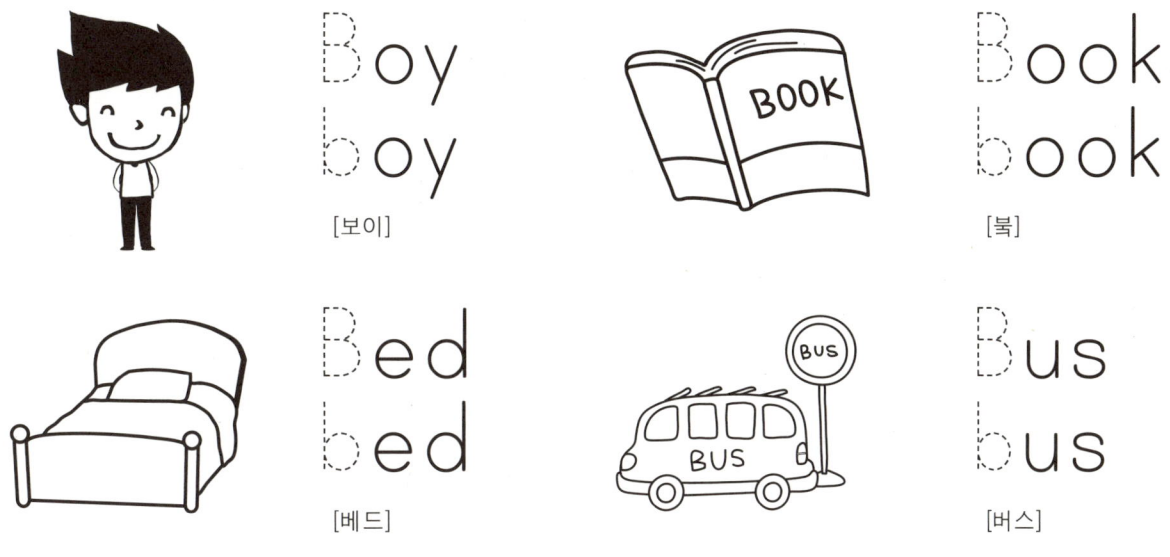

boy 소년   **book** 책   **bed** 침대   **bus** 버스

♣ **Cc의 이름**
C는 대문자, c는 소문자로 **씨-**라고 읽습니다. 윗니와 아랫니 사이에서 나오는 소리로 혀의 끝 부분을 잇몸에 대고 **씨-**하고 강하고 길게 읽습니다.

♣ **Cc의 소리**
씨-는 알파벳의 이름이고 실제로 단어에서는 **ㅋ**라고 소리가 납니다. **Cc**는 대체로 우리말의 **ㅋ** 또는 **ㅅ,ㅆ**에 가까운 소리로 발음됩니다.

♣ 순서에 맞게 따라 써보세요.

♣ 그림에 맞는 단어를 따라 써보세요.

Car / car [카-ㄹ]
Cat / cat [캩]
Cup / cup [컾]
City / city [시티]

car 자동차   **cat** 고양이   **cup** 컵   **city** 도시

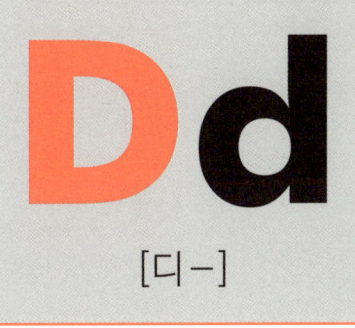

[디-]

♣ **Dd**의 이름
 D는 대문자, **d**는 소문자로 **디-**라고 읽습니다. 윗니와 아랫니를 약간 벌린 상태에서 혀끝을 윗니 뒤에 살짝 붙였다 떼면서 **디-**라고 강하고 길게 읽습니다.

♣ **Dd**의 소리
 디-는 알파벳의 이름이고 실제로 단어에서는 **드**라고 소리가 납니다. **Dd**는 대체로 우리말의 **ㄷ**과 같은 소리로 발음됩니다.

PART 1 알파벳 쓰면서 익히기

♣ 순서에 맞게 따라 써보세요.

♣ 그림에 맞는 단어를 따라 써보세요.

[독]   [돌]

[데스크]   [덕]

dog 개   **doll** 인형   **desk** 책상   **duck** 오리

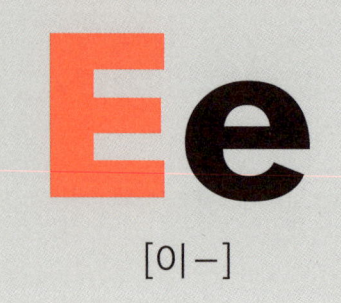

[이-]

♣ **Ee의 이름**
E는 대문자, e는 소문자로 **이-**라고 읽습니다. 혀의 중앙을 높여서 **이-**하고 길고 강하게 발음하며 입 모양은 손가락 하나만 들어갈 정도로 입을 벌리면 됩니다.

♣ **Ee의 소리**
이-는 알파벳의 이름이고 실제로 단어에서는 **에** 소리가 나며, 앞서 배운 **Aa**의 **애** 소리와 구분해야 합니다. 또한 단어에 따라서 **이**로도 소리가 납니다.

♣ 순서에 맞게 따라 써보세요.

♣ 그림에 맞는 단어를 따라 써보세요.

Egg [에그]

Elephant [엘러펀트]

Elbow [엘보우]

Eagle [이글]

egg 달걀   **elephant** 코끼리   **elbow** 팔꿈치   **eagle** 독수리

Ff
[에프]

♣ **Ff의 이름**
F는 대문자, f는 소문자로 **에프**라고 읽습니다. **에**를 강하게 발음한 다음 **프**는 아랫입술을 윗니에 살짝 대고 **에프**라고 발음합니다.

♣ **Ff의 소리**
에프는 알파벳의 이름이고 실제로 단어에서는 **프**라고 발음합니다. 이것은 우리말에 없는 소리로 윗니 끝이 아랫입술에 닿을 듯 말 듯 대고 입김을 불어내면 **Ff** 소리가 납니다.

PART 1 알파벳 쓰면서 익히기

♣ 순서에 맞게 따라 써보세요.

♣ 그림에 맞는 단어를 따라 써보세요.

[피쉬]   [프러-그]

[풋]   [플라우어]

fish 물고기   **frog** 개구리   **foot** 발   **flower** 꽃

15

♣ **Gg의 이름**
G는 대문자, g는 소문자로 **쥐-**라고 길게 읽습니다. 입술을 앞으로 내밀고 **생쥐** 할 때의 **쥐**처럼 길게 늘여서 발음합니다. 그냥 **지**라고 읽지 않도록 주의해야 합니다.

♣ **Gg의 소리**
쥐-는 알파벳의 이름이고 실제로 단어에서는 **그**라고 발음합니다. 즉, **Gg**는 대체로 우리 말의 **ㄱ**과 같은 발음으로 단어에 따라서 **ㅈ**과 비슷한 소리로도 발음됩니다.

♣ 순서에 맞게 따라 써보세요.

♣ 그림에 맞는 단어를 따라 써보세요.

girl 소녀　**glove** 글로브　**gun** 총　**giraffe** 기린

[에이취]

♣ **Hh의 이름**
  H는 대문자, h는 소문자로 **에이취**라고 읽습니다. Aa를 발음할 때처럼 하다가 뒤에 **취**를 살짝 붙여서 발음합니다.

♣ **Hh의 소리**
  에이취는 알파벳의 이름이고 실제로 단어에서는 입을 살짝 벌리고 바람을 빼면서 **흐**라고 발음합니다. 즉, **Hh**는 우리말의 **ㅎ** 소리처럼 발음됩니다.

PART 1 알파벳 쓰면서 익히기

♣ 순서에 맞게 따라 써보세요.

♣ 그림에 맞는 단어를 따라 써보세요.

[핸드]   [햍]

[호-르스]   [하우스]

hand 손   **hat** 모자   **horse** 말   **house** 집

♣ **Ii의 이름**
　I는 대문자, **i**는 소문자로 **아이**라고 읽습니다. **아**는 강하게 **이**는 아주 약하고 짧게 연속적으로 빠르게 발음합니다.

♣ **Ii의 소리**
　아이는 알파벳의 이름이고 실제로 단어에서는 **이**라고 소리가 납니다. 입은 조금만 벌리고 **으**와 **이**의 중간 소리를 내면 됩니다. 단어에 따라서 **아이**로도 소리가 납니다.

♣ 순서에 맞게 따라 써보세요.

♣ 그림에 맞는 단어를 따라 써보세요.

ink 잉크　**insect** 곤충　**igloo** 이글루　**ice** 얼음

[쮀이]

♣ **Jj의 이름**
J는 대문자, j는 소문자로 **쮀이**라고 읽습니다. 입술을 약간 앞으로 내밀고 혀끝을 입천장 앞부분에 댔다가 떼면서 **쮀이** 하고 발음합니다.

♣ **Jj의 소리**
쮀이는 알파벳의 이름이고 실제로 단어에서는 **즈**라고 소리가 납니다. **Jj**는 우리말의 **다람쥐**나 **염주**에서 **쥐**와 **주**의 첫소리인 **ㅈ**과 비슷한 소리로 발음됩니다.

PART 1 알파벳 쓰면서 익히기

♣ 순서에 맞게 따라 써보세요.

♣ 그림에 맞는 단어를 따라 써보세요.

Jam
jam
[잼]

Juice
juice
[주-스]

Jacket
jacket
[재킷]

Jump
jump
[점프]

jam 잼   **juice** 주스   **jacket** 재킷   **jump** 점프

[케이]

♣ **Kk의 이름**
K는 대문자, k는 소문자로 **케이**라고 읽습니다. 혀끝을 아랫니 잇몸에 대고 혀의 뒷부분을 입천장 뒤쪽에 대면서 **케이**라고 발음합니다.

♣ **Kk의 소리**
케이는 알파벳의 이름이고 실제로 단어에서는 **크**라고 소리가 납니다. **Kk**는 앞서 배운 **Cc**와 비슷하며, 우리말의 **칼**의 **ㅋ** 소리와 비슷하게 발음됩니다.

♣ 순서에 맞게 따라 써보세요.

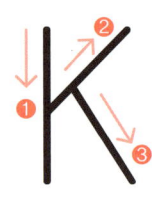
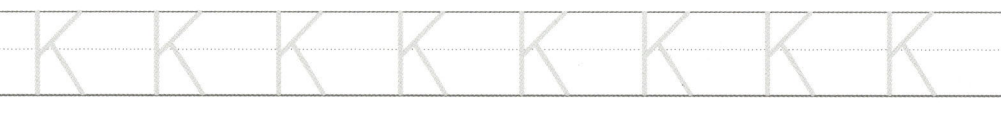

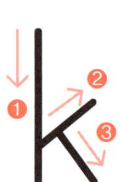

♣ 그림에 맞는 단어를 따라 써보세요.

Kite
kite
[카이트]

King
king
[킹]

Key
key
[키-]

Kangaroo
kangaroo
[캥거루-]

kite 연   **king** 왕   **key** 열쇠   **kangaroo** 캥거루

[엘]

♣ **Ll의 이름**
L는 대문자, l는 소문자로 **엘**이라고 읽으며, 혀끝을 윗니 바로 뒤 입천장에 갔다 대고 **엘**이라고 강하게 소리 냅니다. 이 때 받침 **ㄹ**은 혀를 고정시킨 채 강하게 발음합니다.

♣ **Ll의 소리**
엘은 알파벳의 이름이고 실제로 단어에서는 **르**라고 소리가 납니다. Ll은 우리말의 **말**의 **ㄹ** 소리와 비슷한 혀 옆소리로 발음됩니다.

PART 1 알파벳 쓰면서 익히기

♣ 순서에 맞게 따라 써보세요.

♣ 그림에 맞는 단어를 따라 써보세요.

Lion
lion
[라이언]

Lamp
lamp
[램프]

Line
line
[라인]

Lemon
lemon
[레먼]

lion 사자 **lamp** 램프 **line** 선 **lemon** 레몬

♣ **Mm의 이름**
   M는 대문자, m는 소문자로 **엠**이라고 읽습니다. **Aa**를 발음할 때처럼 **에**를 강하게 발음한 다음 ㅁ 소리를 낼 때는 입을 다물고 코로 숨을 내쉬듯 약간 길게 발음합니다.

♣ **Mm의 소리**
   엠은 알파벳의 이름이고 실제로 단어에서는 **므**라고 소리가 납니다. 즉, **Mm**은 우리말의 ㅁ과 같은 소리로 발음됩니다.

♣ 순서에 맞게 따라 써보세요.

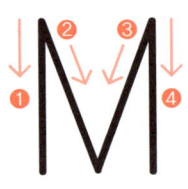

M M M M M M M M
M

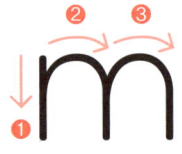

m m m m m m m m
m

♣ 그림에 맞는 단어를 따라 써보세요.

Milk
milk
[밀크]

Mirror
mirror
[미러]

Moon
moon
[문]

Monkey
monkey
[멍키]

milk 우유   **mirror** 거울   **moon** 달   **monkey** 원숭이

22

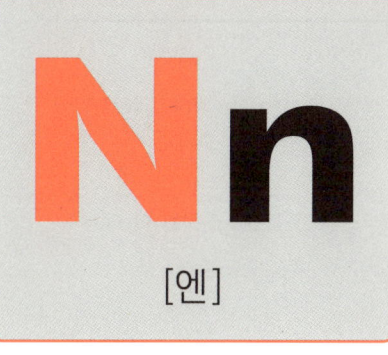

♣ **Nn의 이름**
N은 대문자, n은 소문자로 **엔**이라고 읽습니다. **Aa**를 발음할 때처럼 **에**를 강하게 발음한 다음 ㄴ 소리를 낼 때는 혀끝을 입천장 앞부분에서 약간 뒤쪽에 대고 코로 숨을 내쉬듯 약간 길게 발음합니다.

♣ **Nn의 소리**
엔은 알파벳의 이름이고 실제로 단어에서는 **ㄴ**라고 소리가 납니다. 즉, **Nn**은 우리말의 **ㄴ**과 같은 소리로 발음됩니다.

PART 1 알파벳 쓰면서 익히기

♣ 순서에 맞게 따라 써보세요.

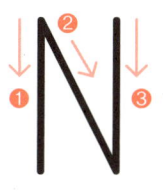

N N N N N N N
N

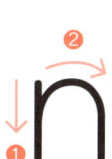

n n n n n n n
n

♣ 그림에 맞는 단어를 따라 써보세요.

Nose
nose
[노스]

Nurse
nurse
[너스]

Night
night
[나잇ㅌ]

Number
number
[넘버]

nose 코　**nurse** 간호사　**night** 밤　**number** 숫자

23

♣ **Oo의 이름**
O는 대문자, o는 소문자로 **오우**라고 읽습니다. **오**는 강하게 **우**는 아주 약하고 빠르게 발음합니다. 즉, **오**와 **우**를 떼어서 발음하지 않고 자연스럽게 이어서 발음합니다.

♣ **Oo의 소리**
오우는 알파벳의 이름이고 실제로 단어에서는 **오**와 **어**의 중간음으로 소리가 납니다. 단, **Oo**는 단어에 따라서 **아**로도 소리가 납니다.

♣ 순서에 맞게 따라 써보세요.

♣ 그림에 맞는 단어를 따라 써보세요.

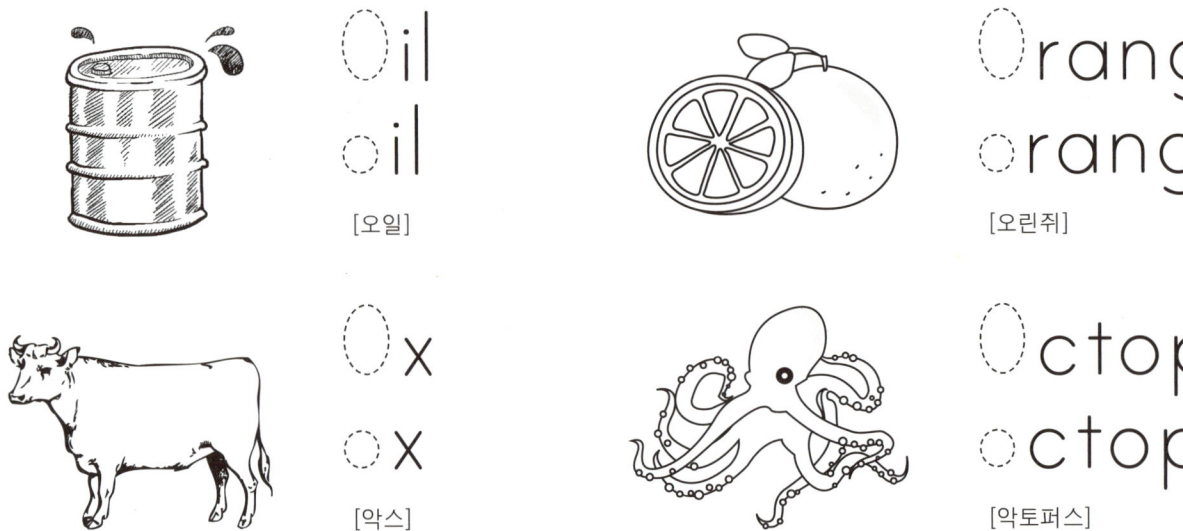

oil 기름   **orange** 오렌지   **ox** 소   **octopus** 문어

[피-]

♣ **Pp의 이름**
P는 대문자, p는 소문자로 **피-**라고 읽습니다. 입술에 약간 힘을 주어 붙였다 떼면서 **피-**를 강하고 길게 발음합니다.

♣ **Pp의 소리**
피-는 알파벳의 이름이고 실제로 단어에서는 **프**로 소리가 납니다. ㅍ에 가까운 무성음으로 **Bb**와 마찬가지로 윗입술과 아랫입술을 붙였다 뗄 때 내는 소리입니다.

PART 1 알파벳 쓰면서 익히기

♣ 순서에 맞게 따라 써보세요.

♣ 그림에 맞는 단어를 따라 써보세요.

[펜] [피그]
[피애노우] [피처]

pen 펜   **pig** 돼지   **piano** 피아노   **pizza** 피자

25

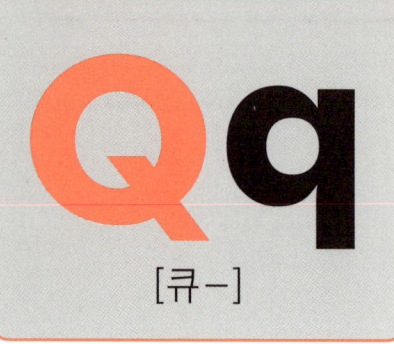

♣ **Qq의 이름**
   Q는 대문자, **q**는 소문자로 **큐-**라고 읽습니다. 입술을 앞으로 내밀고 **큐-** 하고 강하고 길게 발음합니다. 이때 혀의 위치는 **Cc, Kk**와 비슷합니다.

♣ **Qq의 소리**
   큐-은 알파벳의 이름이고 실제로 단어에서는 **크어**로 소리가 납니다. **Qq**는 우리말의 **큐**의 첫소리인 **ㅋ**과 비슷하게 발음되며 단어에서 항상 **Uu[유-]**와 같이 쓰이는 것이 특징입니다.

♣ 순서에 맞게 따라 써보세요.

♣ 그림에 맞는 단어를 따라 써보세요.

Queen
queen
[퀸]

Question
question
[퀘스천]

Quiz
quiz
[퀴즈]

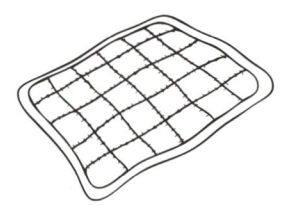
Quilt
quilt
[퀼트]

queen 여왕   **question** 질문   **quiz** 퀴즈   **quilt** 누비이불

[아알]

♣ **Rr의 이름**
R은 대문자, r은 소문자로 **아알**이라고 읽습니다. 하품을 하는 느낌으로 **아** 하고 발음한 다음 혀끝을 입천장에 닿지 않게 뒤로 구부린 상태에서 **아알** 하고 발음합니다.

♣ **Rr의 소리**
아알은 알파벳의 이름이고 실제로 단어에서는 **르**로 소리가 납니다. **Rr**은 모음 사이에서는 우리말의 **허리**의 **ㄹ**과 같이 날 때도 있는데, 이때는 입술 둥글림이 없습니다. 그리고 자음 앞이나 단어의 맨 끝에 올 경우에는 소리가 나지 않을 경우가 있습니다.

PART 1 알파벳 쓰면서 익히기

♣ 순서에 맞게 따라 써보세요.

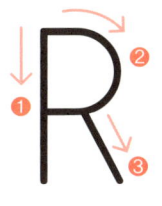

♣ 그림에 맞는 단어를 따라 써보세요.

Rooster
rooster
[루-스터리]

Rabbit
rabbit
[래빝]

Radio
radio
[레이디오우]

Rainbow
rainbow
[레인보우]

rooster 수탉 **rabbit** 토끼 **radio** 라디오 **rainbow** 무지개

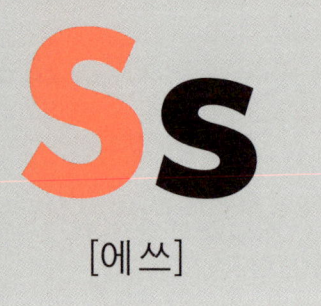

♣ **Ss의 이름**
S는 대문자, s는 소문자로 **에쓰**라고 읽습니다. **에**는 강하게 **쓰**는 혀끝을 윗니 윗몸에 아주 가깝지만 닿지 않도록 위치시킨 후 공기가 새어나가듯이 약하게 발음합니다.

♣ **Ss의 소리**
에쓰는 알파벳의 이름이고 실제로 단어에서는 **스**로 소리가 납니다. 또한 **Ss**는 우리말의 **ㅆ**에 가까운 소리와 **ㅆ** 소리를 내다가 끊지 않고 이어서 목청을 떨며 내는 소리의 두 가지 소리가 납니다.

♣ 순서에 맞게 따라 써보세요.

♣ 그림에 맞는 단어를 따라 써보세요.

sky 하늘 **stamp** 우표 **sun** 태양 **sea** 바다

28

[티-]

♣ **Tt의 이름**
T는 대문자, t는 소문자로 **티-**라고 길게 읽습니다. 혀의 위치는 **Dd**와 같고 혀끝을 윗니 잇몸 뒤에 댄 다음 갑자기 떼면서 **티-** 하고 힘 있고 길게 발음합니다.

♣ **Tt의 소리**
티-는 알파벳의 이름이고 실제로 단어에서는 **트**로 소리가 납니다. 또한 **Tt**는 우리말의 **ㅌ**과 같은 소리로 발음되는데 때로는 **ㄸ**과 같이 발음됩니다. 그런데 미국 발음의 경우 **Tt**가 강모음과 약모음 사이에 올 경우 **ㄹ** 소리에 가깝게 들릴 경우가 있습니다.

PART 1 알파벳 쓰면서 익히기

♣ 순서에 맞게 따라 써보세요.

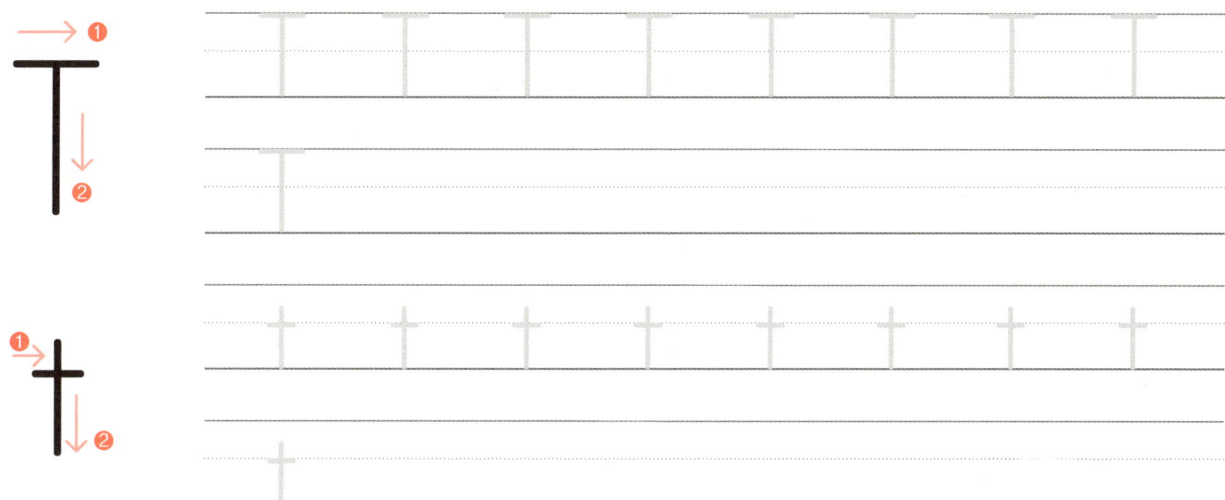

♣ 그림에 맞는 단어를 따라 써보세요.

Tent
tent
[텐트]

Tiger
tiger
[타이거]

Truck
truck
[트럭]

Toast
toast
[토스트]

tent 텐트   **tiger** 호랑이   **truck** 트럭   **toast** 토스트

[유-]

♣ **Uu의 이름**
U는 대문자, u는 소문자로 **유-** 라고 읽습니다. 입을 둥글게 해서 앞으로 내민 다음에 **유-** 하고 강하고 길게 발음합니다.

♣ **Uu의 소리**
유- 는 알파벳의 이름이고 실제로 단어에서는 **어**로 소리가 납니다. 그러나 **Uu**는 장모음으로 쓰일 때는 이름처럼 **유-** 로 소리가 납니다.

♣ 순서에 맞게 따라 써보세요.

♣ 그림에 맞는 단어를 따라 써보세요.

Uncle
uncle
[엉클]

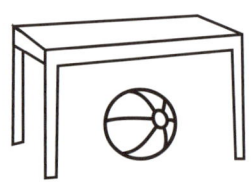

Under
under
[언더]

Umbrella
umbrella
[엄브렐러]

Uniform
uniform
[유니폼]

uncle 아저씨   **under** 아래   **umbrella** 우산   **uniform** 유니폼

[뷔-]

♣ **Vv의 이름**
V는 대문자, v는 소문자로 **뷔-**라고 길게 읽습니다. 앞서 배운 **Bb**는 양 입술을 붙였다 떼면서 **비-** 하고 소리를 내지만 Vv는 아랫입술을 윗니에 가볍게 댄 다음 떼면서 **뷔-** 하고 발음합니다.

♣ **Vv의 소리**
뷔-는 알파벳의 이름이고 실제로 단어에서는 **브**로 소리가 납니다. **Vv**는 앞서 배운 **Ff** 소리와 같은 요령으로 발음하되 목청을 떠는 소리입니다.

PART 1 알파벳 쓰면서 익히기

♣ 순서에 맞게 따라 써보세요.

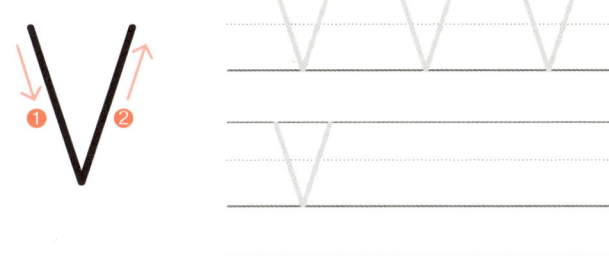

♣ 그림에 맞는 단어를 따라 써보세요.

Van
van

[밴]

Vase
vase

[베이스]

Violin
violin

[바이얼린]

Village
village

[빌리지]

van 밴(승합차)   **vase** 꽃병   **violin** 바이올린   **village** 마을

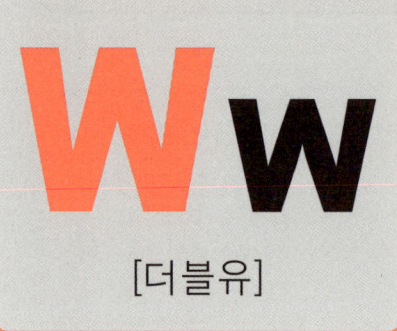

[더블유]

♣ **Ww의 이름**
W는 대문자, w는 소문자로 **더블유**라고 읽습니다. 입술을 둥글게 하여 내밀고 혀끝은 윗니에 대고 **더**는 강하게 **블유**는 약하게 붙여서 발음합니다.

♣ **Ww의 소리**
더블유는 알파벳의 이름이고 실제로 단어에서는 **우어**로 소리가 납니다. 또한 **Ww**는 앞 또는 뒤에 오는 모음에 따라 ㅗ, ㅜ로 소리가 나서 ㅘ, ㅟ, ㅝ, ㅞ 등의 소리를 만듭니다.

♣ 순서에 맞게 따라 써보세요.

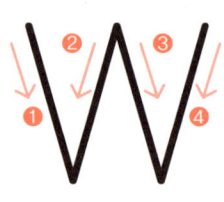

♣ 그림에 맞는 단어를 따라 써보세요.

Watch
watch
[워치]

Wagon
wagon
[웨건]

Window
window
[윈도우]

Wolf
wolf
[울프]

watch 시계   **wagon** 손수레, 마차   **window** 창문   **wolf** 늑대

[엑쓰]

♣ **Xx의 이름**
X는 대문자, **x**는 소문자로 **엑쓰**라고 읽습니다. 혀끝을 아랫니에 대고 **엑**을 강하게 **쓰**는 **엑** 다음에 붙여 가스가 새어나오듯이 약하게 발음합니다.

♣ **Xx의 소리**
엑쓰는 알파벳의 이름이고 실제로 단어에서는 **크스**로 소리가 납니다. **Xx**는 주로 받침소리로 많이 쓰입니다. 따라서 **Xx**로 시작하는 단어는 많지 않습니다.

PART **1** 알파벳 쓰면서 익히기

♣ 순서에 맞게 따라 써보세요.

♣ 그림에 맞는 단어를 따라 써보세요.

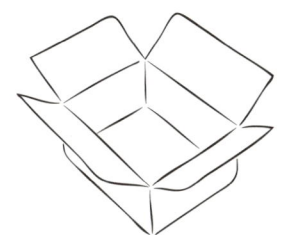
BOX
box
[박스]

FOX
fox
[팍스]

MIX
mix
[믹스]

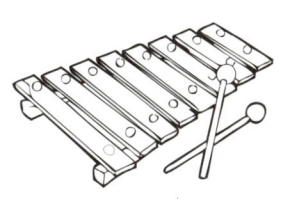
Xylophone
xylophone
[자일어퓐]

box 상자   **fox** 여우   **mix** 섞다   **xylophone** 실로폰

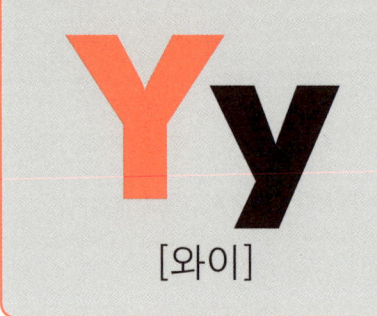

[와이]

♣ **Yy의 이름**
Y는 대문자, y는 소문자로 **와이**라고 읽습니다. 입술을 둥글게 벌려 **와**를 강하게 소리 내며 **이**는 **와** 다음에 붙여 약하게 발음합니다.

♣ **Yy의 소리**
와이는 알파벳의 이름이고 실제로 단어에서는 **이**로 소리가 납니다. **Yy**는 우리말의 ㅕ, ㅑ, ㅛ, ㅠ 등의 첫소리인 반모음 ㅣ로 소리 나는 경우와 단어의 끝에 와서 완전한 ㅏㅣ, ㅣ 소리로 발음되는 경우가 있습니다.

♣ 순서에 맞게 따라 써보세요.

♣ 그림에 맞는 단어를 따라 써보세요.

Yellow / yellow [엘로우]
Yogurt / yogurt [요거르트]
Yacht / yacht [요트]
Young / young [영]

yellow 노란색   **yogurt** 요구르트   **yacht** 요트   **young** 어린

34

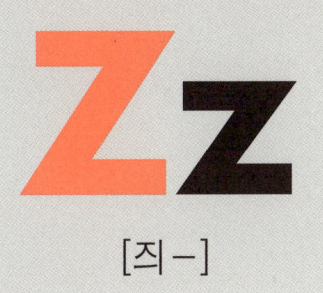

[즈–]

♣ **Zz의 이름**
Z는 대문자, z는 소문자로 예전에는 **제트**라고 읽었지만 지금은 **즈–**라고 읽습니다. 앞서 배운 **Gg**와는 다른 소리로 입을 옆으로 조금 길게 해서 혀끝을 윗니 잇몸에 살짝 대고 떼면서 **즈–**라고 발음합니다.

♣ **Zz의 소리**
즈–는 알파벳의 이름이고 실제로 단어에서는 **즈**로 소리가 납니다. **Zz**는 **Ss**와 같은 요령으로 발음하되 목청을 떨며 내는 소리입니다.

PART 1 알파벳 쓰면서 익히기

♣ 순서에 맞게 따라 써보세요.

♣ 그림에 맞는 단어를 따라 써보세요.

Zoo
zoo
[주–]

Zebra
zebra
[지브뤄]

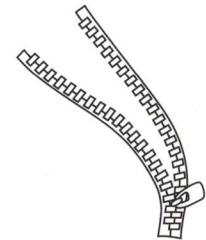

Zipper
zipper
[지퍼ㄹ]

Zero
zero
[지어로우]

zoo 동물원   **zebra** 얼룩말   **zipper** 지퍼   **zero** 영(0)

PART 2

파닉스로 발음 익히기

- 영어의 모음과 자음 — 38
- 1. 단모음 Short Vowels — 40
- 2. 장모음 Long Vowels — 45
- 3. 이중모음 Double Vowels — 50
- 4. 이중자음 Double Consonants — 68
- 5. 묵음 Silent Syllable — 89
- 6. 자음을 나타내는 발음기호 Consonant — 97
- 7. 모음을 나타내는 발음기호 Vowel — 100

파닉스 발음 차트

♣ 단모음

a	e	i	o	u
[애]	[에]	[이]	[아]	[어]

♣ 장모음

a	e	i	o	u
[에이]	[이-]	[아이]	[오우]	[유우]

♣ 이중모음

ai, ay	ee, ea	ie	oa, ow	ou, ow
[에이]	[이-]	[아이/이-]	[오우]	[아우]

oi, oy	oo	au, aw	ew, ui, ue
[오이]	[우/우-]	[오-]	[우-/유-]

ar	or	or, ir er, ur
[아-ㄹ]	[오-ㄹ]	[어ㄹ/어-ㄹ]

♣ **이중자음**

ch	sh	th	wh
[취]	[쉬]	[쓰/드]	[우]

bl	cl	fl	gl	pl	sl
[블]	[클]	[플]	[글]	[플]	[슬]

br	cr	dr	fr	gr	pr	tr
[브뤄]	[크뤄]	[드뤄]	[프뤄]	[그뤄]	[프뤄]	[트뤄]

sc	sk	sm	sn	sp	st	sw
[스크]	[스크]	[스므]	[스느]	[스프]	[스트]	[스우]

_ng	_nk	_nd	_nt	_ck
[응]	[응크]	[은드]	[은트]	[윽크]

PART 2 파닉스로 발음 익히기

1 단모음 Short Vowels

단모음이란 자음과 함께 어울려 소리를 만드는 짧은 모음이란 뜻으로 영어의 알파벳에는 26개의 글자 중에 5개의 모음이 있습니다. 나머지는 모두 자음입니다.

A B C D **E** F G H **I** J K L M N **O** P Q R S T **U** V W X Y Z
a b c d **e** f g h **i** j k l m n **o** p q r s t **u** v w x y z

단모음은 모음 **a, e, i, o, u**가 알파벳 이름과 다르게 각각의 소리가 납니다. 그리고 1음절 단어에서 모음 글자가 한 개만 있고, 모음 글자가 단어의 맨 앞이나 자음 글자 사이에 올 때는 단모음으로 소리가 납니다.
※음절이란 발음이 되는 최소 단위로 영어의 모음(**a e i o u**)에 해당하는 알파벳이 하나면 1음절, 둘이면 2음절이 됩니다.

| **a** | [애] | 자음+**a**+자음으로 이루어진 단어는 **a** 다음에 유성음인 **g, d, n** 등이 오면 조금 긴 **애** 소리가 나는데 비해, 모음 **a** 다음에 무성음인 **t, p, k** 등이 오면 조금 짧은 **애** 소리가 납니다. |

b**a**g
[백]
가방

b**a**d
[밷]
나쁜

h**a**nd
[핸드]
손

b**a**t
[뱉]
배트

cap
[캡]
(테 없는) 모자

cap

tack
[택크]
압정

tack

e [에] (자음)+**e**+자음으로 이루어진 단어에서 앞의 모음 **a**와 같이 유성음인 **g, d, n** 등이 오면 **e**가 조금 긴 에 소리인데 비해, 무성음인 **t, p, k** 등이 오면 비교적 짧은 에 소리가 납니다.

egg
[에그]
달걀

egg

bed
[베드]
침대

bed

pen
[펜]
펜

pen

net
[넽]
그물

net

step
[스텦]
걸음

step

desk
[데스크]
책상

desk

PART **2** 파닉스로 발음 익히기

top [탑] 꼭대기	top		
hot [핫] 뜨거운	hot		
stop [스탑] 멈추다	stop		
clock [클락] 시계	clock		
box [박스] 상자	box		

u [어]   자음 + **u** + 자음으로 이루어진 단어는 대체로 우리말의 **아**와 **어**의 중간 소리로 들리는 경우가 많은데 우리말에 없는 소리로 발음됩니다.

sun [썬] 태양, 해	sun		
run [런] 달리다	run		
gum [검] 껌	gum		

PART **2** 파닉스로 발음 익히기

bus
[버스]
버스

| bus | | |

cup
[컵]
컵

| cup | | |

drum
[드럼]
북, 드럼

| drum | | |

2 장모음 Long Vowels

장모음이란 단모음 **a e i o u**를 좀 더 길게 소리 내는 것을 말합니다. 또한, 장모음은 모음 **a e i o u**가 알파벳 이름과 똑같이 소리가 납니다.

1음절 단어에 두 개의 모음 글자가 있을 때 첫 모음 글자는 알파벳 이름과 똑같은 소리를 내며 뒤의 모음 글자는 소리를 내지 않습니다. 뒤에 소리를 내지 않는 모음 글자로 **e**가 오는 경우가 많습니다.

a [에이]
-e로 끝나는 단어들은 그 앞의 모음이 주로 자기 이름대로 소리가 납니다.

cake
[케익]
케이크

race
[레이스]
경주

face
[페이스]
얼굴

name
[네임]
이름

game
[게임]
게임

PART 2 파닉스로 발음 익히기

| tape
[테잎]
테이프 | tape | | |

e [이-]
e가 다른 모음 없이 혼자 길어지는 경우와 e 다음에 자음이 나오고 또 e가 나오는 경우에는 주로 **이-**처럼 들립니다.

he [히] 그	he		
she [쉬] 그녀	she		
me [미] 나를	me		
we [위] 우리	we		
here [히어] 여기	here		
these [디즈] 이것들	there		

i [아이]

자음 + **i** + 자음 + **e**로 이루어진 단어는 **i**의 이름인 **아이**로 소리가 납니다.

bike [바잌] 자전거

kite [카잍] 연

line [라인] 선

nine [나인] 9

time [타임] 시간

pipe [파잎] 파이프

o [오우]

앞의 **a**, **i** 등과 마찬가지로 **자음** + **o** + **자음** + **e**로 이루어진 단어는 **o**의 이름인 **오우**로 소리가 납니다.

home [호움] 가정

PART 2 — 파닉스로 발음 익히기

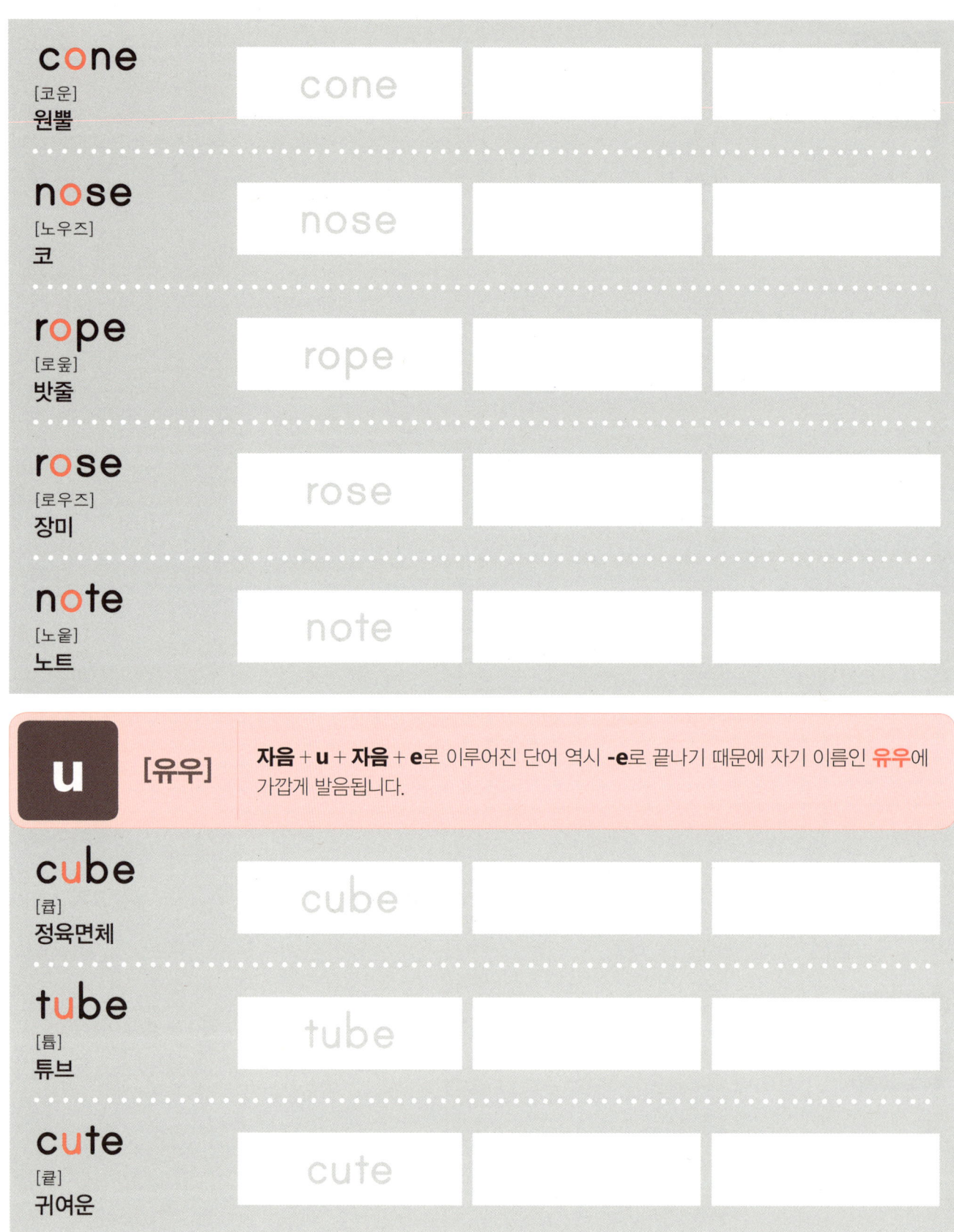

mute
[뮽]
벙어리

| mute | | |

June
[쥬운]
6월

| June | | |

tulip
[튤립]
튤립

| tulip | | |

PART 2 파닉스로 발음 익히기

49

3 이중모음 Double Vowels

이중모음이란 모음 두 개가 나란히 붙어 있는 것을 말합니다. 앞서 배운 단모음은 발음하는 동안 음의 성질이 바뀌지 않는 모음이지만, 이중모음은 한 음절에서 다른 지점으로 연속으로 미끄러져 가면서 합해지는 음입니다.

※ 이중모음은 한 음절입니다. (**ai**는 **a** + **i**의 두 개의 음절이 아니라 한 음절)

※ 이중모음에서 주로 소리가 나는 것은 앞의 음입니다.

ai [에이]

모음 **a** 뒤에 모음 **i**가 오면 앞의 **a**는 길게 발음되며 뒤의 모음 **i**는 소리가 나지 않습니다.

rain [레인] 비

mail [메일] 편지

train [트레인] 기차

nail [네일] 손톱

paint [페인트] 페인트

sleep [슬리-프/슬립] 잠자다

tree [트리-] 나무

green [그리-은/그린] 녹색

ea [이-]
모음 e 뒤에 a가 오면 앞의 e는 길게 발음되며 뒤의 모음 a는 소리가 나지 않습니다.

meat [미-트/밑] 고기

read [리-드/리드] 읽다

eat [이-트/잍] 먹다

sea [씨-] 바다

speak [스피-크/스픽] 말하다

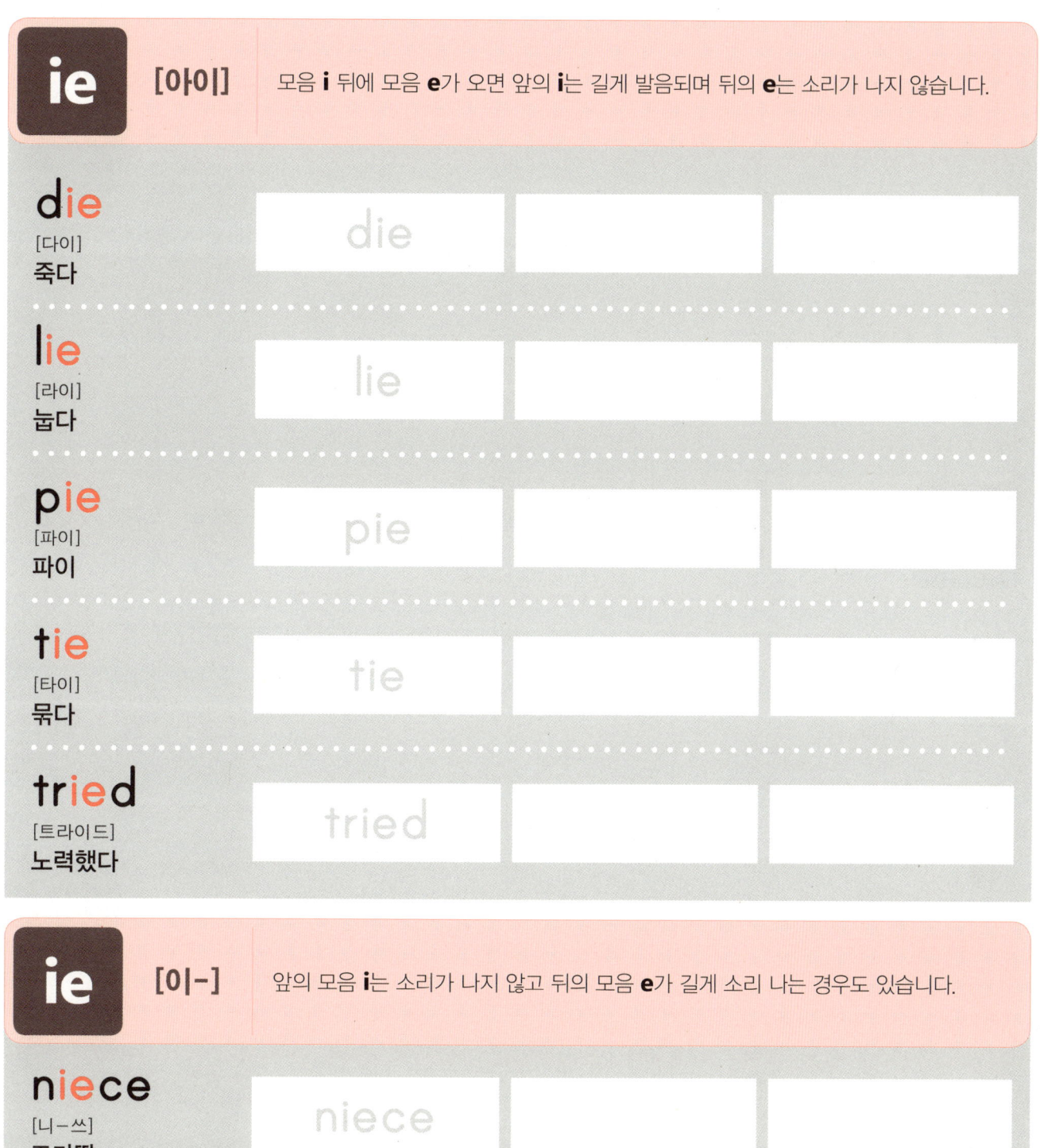

ow [오우]

모음 **o** 뒤에 **w**가 오면 앞의 **o**는 길게 발음되며 뒤의 **w**는 소리가 나지 않습니다.

grow
[그로우]
성장하다

pi**ll**ow
[필로우]
베개

yell**ow**
[이엘로우/옐로우]
노란색

window
[윈도우]
창문

snow
[스노우]
눈

ou [아우]

ou는 모음 **o**와 **u**가 겹쳐져 있지만 장모음이 되지 않고 뒤의 모음도 탈락하지 않습니다.

hou**se**
[하우쓰]
집

blou**se**
[블라우쓰]
블라우스

PART 2

파닉스로 발음 익히기

sound [싸운드] 소리	sound		
ground [그라운드] 운동장	ground		
mouse [마우쓰] 쥐	mouse		

ow [아우]

ou는 모음 o와 w가 겹쳐져 있지만 장모음이 되지 않고 뒤의 모음도 탈락하지 않습니다.

cow [카우] 소	cow		
brown [브라운] 갈색	brown		
crown [크라운] 왕관	crown		
down [다운] 아래로	down		
towel [타우얼/타월] 타월	towel		

joy [조이] 기쁨	joy		
enj**oy** [엔조이] 즐기다	enjoy		
oyster [오이스터ㄹ] 굴	oyster		

oo [우]
o가 두 개 겹치면 **우** 하고 짧게 소리가 나는 경우가 있습니다.

b**oo**k [북] 책	book		
f**oo**t [풋] 발	foot		
g**oo**d [굳] 좋은	good		
c**oo**k [쿡] 요리하다	cook		
l**oo**k [룩] 보다	look		

oo [우-]

o가 두 개 겹치면 우- 하고 길게 빼는 소리가 나는 경우도 있습니다.

moon [무-은/문] 달

| moon | | |

school [스쿠-을/스쿨] 학교

| school | | |

tooth [투-쓰/투쓰] 이, 치아

| tooth | | |

pool [푸-을/풀] 풀

| pool | | |

spoon [스푸-은/스푼] 숟가락

| spoon | | |

au [오-]

모음 a 뒤에 모음 u가 오면 앞의 a는 오- 하고 길게 소리가 납니다.

audio [오-디오우/오디오] 오디오

| audio | | |

auto [오-토우/오토] 자동차

| auto | | |

PART 2 파닉스로 발음 익히기

fault
[포-올트/폴트]
과실

fault

auction
[오-욱션/옥션]
경매

auction

autumn
[오-텀/오텀]
가을

autumn

aw [오-]
모음 **a** 뒤에 모음 **w**가 오면 앞의 **a**는 **오-** 하고 길게 소리가 납니다.

awe
[오-]
경외감

awe

saw
[쏘-]
톱

saw

paw
[포-]
(발톱이 있는 동물의) 발

paw

straw
[스토로-]
밀짚

straw

dawn
[도-운]
새벽

dawn

ew [우-]
모음 e 뒤에 모음 w가 오면 앞의 e는 우- 하고 길게 소리가 납니다.

crew [크루-] 탑승원
crew

grew [그루-] 성장했다
grew

flew [프루-] 날았다
flew

slew [쓰루-] 비틀다
slew

brew [브루-] (맥주 등을) 양조하다
brew

ew [유-]
모음 e 뒤에 모음 w가 오면 앞의 e는 우- 하고 길게 소리가 납니다.

few [퓨-] (수가) 많지 않은
few

dew [듀-] 이슬
dew

ue [우-/유-]

모음 **u** 뒤에 모음 **e**가 오면 앞의 **u**는 길게 발음되며 뒤의 모음 **e**는 소리가 나지 않습니다.

blue [블루-] 파란색 — blue

clue [클루-] 실마리 — clue

due [듀-] 지급 기일이 된 — due

sue [슈-] 고소하다 — sue

hue [휴-] 빛깔 — hue

ar [아-ㄹ]

모음 **a**에 **r**이 이어지면 원래의 소리를 버리고 **아-ㄹ**로 소리가 납니다.

car [카-ㄹ] 자동차 — car

arm [아-ㄹ음] 팔 — arm

PART 2 — 파닉스로 발음 익히기

card
[카-ㄹ드]
카드

card

star
[스타-ㄹ]
별

star

park
[파-ㄹ크]
공원

park

or [오-ㄹ]
모음 o에 r이 이어지면 원래의 소리를 버리고 **오-ㄹ**로 소리가 납니다.

short
[쇼-ㄹ트]
짧은

short

fork
[포-ㄹ크]
포크

fork

corn
[코-ㄹ은]
옥수수

corn

pork
[포-ㄹ크]
돼지고기

pork

store
[스토-ㄹ어]
가게

store

or [어ㄹ]

모음 **o**에 **r**이 이어지면 원래의 소리를 버리고 **어ㄹ**로 소리가 나기도 합니다.

doctor
[닥터ㄹ]
박사

doctor

visitor
[비지터ㄹ]
방문자

visitor

victor
[빅터ㄹ]
승리자

victor

factor
[팩터ㄹ]
요인

factor

professor
[프러페써ㄹ]
교수

professor

ir [어ㄹ]

모음 **i** 뒤에 **r**이 오면 앞의 모음은 묵음이 되고 **r**(ㄹ)만 남아 받침처럼 쓰입니다.

bird
[버–ㄹ드]
새

bird

girl
[거–ㄹ을]
소녀

girl

shirt
[셔-ㄹ트]
셔츠

| shirt | | |

skirt
[스커-ㄹ트]
스커트

| skirt | | |

dirt
[더-ㄹ트]
더러움

| dirt | | |

er [어ㄹ] 모음 e 뒤에 r이 오면 앞의 모음은 묵음이 되고 r(ㄹ)만 남아 받침처럼 쓰입니다.

water
[워-터-ㄹ]
물

| water | | |

paper
[페이퍼ㄹ]
종이

| paper | | |

flower
[플라우어ㄹ]
꽃

| flower | | |

letter
[레터-ㄹ]
편지

| letter | | |

teacher
[티-처-ㄹ]
교사

| teacher | | |

ur [어-ㄹ]

모음 u 뒤에 r이 오면 앞의 모음은 묵음이 되고 r(얼)만 남아 받침처럼 쓰입니다.

hurt
[허-ㄹ트]
상처 내다

| hurt | | |

fur
[퍼-ㄹ]
모피

| fur | | |

purple
[퍼-ㄹ플]
자줏빛

| purple | | |

nurse
[너-ㄹ스]
간호사

| nurse | | |

turtle
[터-ㄹ틀]
거북이

| turtle | | |

PART 2 파닉스로 발음 익히기

4 이중자음 Double Consonants

자음은 앞서 배운 모음 **a e i o u**를 제외한 나머지 알파벳을 말합니다. **Part 1**에서 알파벳을 배우면서 자음은 배웠기 때문에 여기서는 별도로 다루지 않고 이중자음만 다루기로 하겠습니다. 이중자음도 이중모음과 마찬가지로 자음 두 개가 나란히 붙어 소리를 내는 것을 말합니다.

혼합자음(Blending Consonants) ch sh th wh

자음이 서로 만나 소리가 뭉쳐져서 본래의 소리를 잃고 새로운 소리가 납니다.

ch [취]

cheese
[취-즈]
치즈

chicken
[취킨]
치킨

ri**ch**
[리취]
풍부한

ben**ch**
[벤취]
벤치

lun**ch**
[런취]
점심

sh [쉬]

shop
[샵]
가게

shop

ship
[쉽]
배

ship

shell
[쉘]
조가비

shell

fi**sh**
[피쉬]
물고기

fish

di**sh**
[디쉬]
접시

dish

th [쓰/드]

three
[쓰리-]
3

three

think
[씽크]
생각하다

think

PART 2 파닉스로 발음 익히기

자음+l bl cl fl gl pl sl

여러 가지 첫소리 자음 뒤에 l이 붙어서 나는 소리입니다.

bl [블]

blue
[블루-]
파란색

black
[블랙]
검정색

blog
[블로그]
블로그

block
[블럭]
블록

blanket
[블랭킽]
담요

cl [클]

clap
[클랩]
쾅, 박수를 치다

PART 2 파닉스로 발음 익히기

clock
[클락]
시계

| clock | | |

clip
[클맆]
클립

| clip | | |

classroom
[클래쓰룸]
교실

| classroom | | |

clown
[클라운]
어릿광대

| clown | | |

fl [플]

flag
[플래그]
깃발

| flag | | |

flower
[플라우어ㄹ]
꽃

| flower | | |

flame
[플레임]
불꽃

| flame | | |

floor
[플러-ㄹ]
마루

| floor | | |

plane [플레인] 평면	plane		
plant [플랜트] 식물	plant		
plug [플러그] (전기) 플러그	plug		
plus [플러스] 플러스	plus		

sl [슬]

slide [슬라이드] 미끄러지다	slide		
sleep [슬리-프] 잠자다	sleep		
sled [슬레드] 썰매	sled		
slice [슬라이스] 얇은 조각	slice		

slip
[슬맆]
미끄러지다

| slip | | |

자음+r br cr dr fr gr pr tr

여러 가지 첫소리 자음 뒤에 **r**이 붙어서 나는 소리로 첫 번째는 천천히, 두 번째는 자연스럽게 줄여가면서 발음합니다.

br [브뤄]

bread
[브레드]
빵

| bread | | |

brick
[브릭]
벽돌

| brick | | |

brush
[브러쉬]
솔

| brush | | |

brain
[브레인]
뇌

| brain | | |

branch
[브랜취]
나뭇가지

| branch | | |

PART 2 — 파닉스로 발음 익히기

dragon
[드래건]
용

dragon

dream
[드리-음]
꿈

dream

draw
[드러-]
끌다

draw

fr [프뤄]

frog
[프러-그]
개구리

frog

fruit
[프루-트]
과일

fruit

friend
[프렌드]
친구

friend

frame
[프레임]
뼈대

frame

front
[프런트]
정면

front

gr [그뤄]

grape
[그레잎]
포도

grape

ground
[그라운드]
운동장

ground

green
[그리-인]
녹색

green

grass
[그래쓰]
풀

grass

great
[그레잍]
거대한

great

pr [프뤄]

prince
[프린쓰]
왕자

prince

present
[프리젠트]
선물

present

s+자음 sc sk sm sn sp st sw

자음 s 뒤에 다른 여러 가지 자음이 붙어서 나는 소리로 첫 번째는 천천히, 두 번째는 자연스럽게 줄여가면서 발음합니다.

sc [스크]

school
[스쿠-울]
학교

| school | | |

schedule
[스케쥴]
스케줄

| schedule | | |

scale
[스케일]
눈금

| scale | | |

screen
[스크리-인]
스크린

| screen | | |

scuba
[스큐-버]
스쿠버

| scuba | | |

sk [스크]

skirt
[스커-ㄹ트]
스커트

| skirt | | |

smooth
[스무–쓰]
매끄러운

smooth

sn [스느]

snow
[스노우]
눈

snow

snake
[스네잌]
뱀

snake

snack
[스낵]
스낵

snack

snail
[스네일]
달팽이

snail

snap
[스냎]
스냅

snap

sp [스프]

spoon
[스푸–운]
숟가락

spoon

stick
[스틱]
막대기

| stick | | |

SW [스우]

swim
[스윔]
헤엄치다

| swim | | |

sweet
[스위-트]
달콤하다

| sweet | | |

swing
[스윙]
흔들리다

| swing | | |

swamp
[스왐프]
늪

| swamp | | |

switch
[스위취]
스위치

| switch | | |

n+자음 _ng _nk _nd _nt / ck

자음 n 다음에 다른 자음이 올 때 뒤의 자음에 따라 응 또는 은으로 소리가 납니다.

_ng [응]

sing
[씽]
노래하다

| sing | | |

ring
[링]
반지

| ring | | |

king
[킹]
왕

| king | | |

young
[영]
젊은

| young | | |

bring
[브링]
가져오다

| bring | | |

_nk [응크]

pink
[핑크]
분홍색

| pink | | |

PART 2
파닉스로 발음 익히기

sink
[씽크]
가라앉다

| sink | | |

drink
[드링크]
마시다

| drink | | |

tank
[탱크]
(물)탱크

| tank | | |

bank
[뱅크]
은행

| bank | | |

_nd [은드]

hand
[핸드]
손

| hand | | |

sound
[싸운드]
소리

| sound | | |

band
[밴드]
밴드

| band | | |

tend
[텐드]
돌보다

| tend | | |

mind
[마인드]
마음

mind

_nt [은트]

tent
[텐트]
텐트

tent

plant
[플랜트]
식물

plant

cent
[쎈트]
센트

cent

count
[카운트]
세다

count

comment
[코멘트]
논평

comment

_ck [윽크]

sick
[씩]
아픈

sick

PART 2
파닉스로 발음 익히기

neck
[넥]
목

neck

rock
[락]
바위

rock

thick
[씩]
두꺼운

thick

brick
[브릭]
벽돌

brick

5 묵음 Silent Syllable

묵음이란 단어에는 분명히 글자가 있지만 실제로는 소리가 나지 않는 것을 말합니다. 현재 우리가 묵음으로 알고 있는 것들 대부분은 예전에 그 단어가 만들어졌을 때는 발음을 했던 것들입니다. 물론 비슷한 소리의 단어를 구분하기 위한 철자가 들어간 것도 있습니다. 다만, 세월이 흘러 사람들이 발음하기 힘든 것들을 생략하면서 그 편리함 때문에 묵음으로 변하기 시작했고 많이 쓰이는 것들은 묵음이 표준으로 인식되게 된 겁니다.

b
단어의 끝에 오는 **b**는 묵음이 되는 경우가 많습니다.

comb
[코움]
빗

climb
[클라임]
오르다

bomb
[바-ㅁ(밤)]
폭탄

lamb
[램]
어린 양

doubt
[다웉]
의심

PART 2 — 파닉스로 발음 익히기

g

g가 n과 함께 쓰일 때는 주로 묵음이 됩니다.

sign [싸인] 사인

design [디자인] 디자인

gnaw [너-] 갉다

gnash [내쉬] 이를 갈다

gnarl [나-얼] (나무) 옹이

h

모음 o i y가 h와 함께 쓰일 때 묵음이 되는 경우가 많습니다.

hour [아우어ㄹ] 한 시간

honor [아너ㄹ] 명예

honest
[아니스트]
정직한

honest

heir
[에어ㄹ]
상속인

heir

rhyme
[라임]
운, 음운

rhyme

k
k는 n의 앞에서 묵음이 됩니다.

knee
[니-]
무릎

knee

knife
[나이프]
나이프

knife

know
[노우]
알다

know

knock
[낙]
두드리다

knock

knowledge
[날리쥐]
지식

knowledge

PART 2 — 파닉스로 발음 익히기

l

l은 **d k f m** 앞에서 묵음이 되곤 합니다.

cou l d [쿠드] 할 수 있었다	could		
wa l k [워-크] 걷다	walk		
ta l k [토-크] 말하다	talk		
ha l f [하-프] 절반	half		
pa l m [파-암] 손바닥	palm		

n

n은 **m** 뒤에서 묵음이 되곤 합니다.

autum n [오-텀] 가을	autumn		
colum n [칼-럼] 칼럼	column		

damn
[댐]
비난하다

damn

solemn
[살엄]
엄숙한

solemn

condemn
[컨뎀]
나무라다

condemn

p
p는 s t n 뒤에서 묵음이 되기도 합니다.

corps
[커-ㄹ]
군단

corps

psalm
[싸-암]
찬송가

psalm

psychology
[싸이칼러쥐]
심리학

psychology

receipt
[리씨-트]
영수증

receipt

pneumonia
[뉴모우너]
폐렴

pneumonia

PART 2
파닉스로 발음 익히기

s

s묵음은 어원 때문에 생긴 것으로 극히 드문 묵음입니다.

aisle
[아일]
통로

| aisle | | |

island
[아일런드]
섬

| island | | |

t

t는 어미로 사용될 때 f 뒤나 s 뒤에서 묵음기도 합니다.

soften
[쏘-픈]
부드러운

| soften | | |

fasten
[패쓴]
묶다

| fasten | | |

listen
[리쓴]
듣다

| listen | | |

castle
[캐쓸]
성

| castle | | |

christmas
[크리쓰머쓰]
크리스마스

| christmas | | |

w

w는 단어의 맨 앞에 오거나 r이나 h와 같이 쓰일 때 묵음이 됩니다.

wrist
[리스트]
손목

wrist

wrap
[랲]
감싸다

wrap

write
[라잍]
쓰다

write

wrinkle
[링클]
주름

wrinkle

ans**w**er
[애써ㄹ]
대답

answer

gh

gh는 주로 t 앞에서 묵음이 됩니다.

ni**gh**t
[나잍]
밤

night

li**gh**t
[라잍]
빛

light

PART 2

파닉스로 발음 익히기

daughter
[더-터-ㄹ]
딸

daughter

right
[라잍]
옳은

right

high
[하이]
높은

high

gh
gh는 묵음이 되기도 하지만 **ㅍ** 소리로 변할 경우도 있습니다.

enough
[이너프]
충분한

enough

laugh
[래프]
웃다

laugh

rough
[러프]
거친

rough

6 자음을 나타내는 발음기호 Consonant

단어를 읽기 위해서는 일정한 발음 규칙이 필요한데, 이것을 기호로 나타낸 것이 발음기호입니다. 발음기호는 괄호 [ ] 안에 표기를 하며 이러한 발음 기호가 어떤 소리를 내는지 알면 단어를 정확하게 읽을 수 있습니다.

※ 앞서 배운 파닉스를 제대로 익히면 발음기호 없이도 단어를 읽고 쓸 수 있습니다.

자음(Consonant)이란 발음을 할 때 공기가 혀나 입, 입술, 입천장 등에 부딪히며 나는 소리입니다. 자음은 **k, p, t**처럼 성대가 울리지 않는 무성음과 **b, d, g**와 같이 성대가 울리는 유성음으로 구성되어 있습니다.

♣ 자음을 나타내는 발음기호

발음기호	단어		
[b] 브	**b**ook [buk] 북 책	book	
[d] 드	**d**ream [driːm] 드림- 꿈	dream	
[f] 프	**f**ace [feis] 페이스 얼굴	face	
[g] 그	**g**irl [gəːrl] 거-ㄹ얼 소녀	girl	
[h] 흐	**h**air [hɛər] 헤어 머리카락	hair	
[k] 크	**k**ing [kiŋ] 킹 왕	king	

PART 2 파닉스로 발음 익히기

7 모음을 나타내는 발음기호 Vowel

모음(Vowel)이란 발음을 할 때 공기가 혀나 입, 입술, 입천장 등에 부딪히지 않고 목과 입 안의 울림으로 나는 소리입니다. 모든 모음은 성대가 울리는 유성음으로 구성되어 있습니다.

♣ 모음을 나타내는 발음기호

발음기호	단어		
[ɑ] 아	b**o**x [bɑks] 박쓰 상자	box	
[ʌ] 어	c**u**p [kʌp] 컾 컵	cup	
[ə] 어	g**o**rill**a** [gərílə] 거릴러 고릴라	gorilla	
[ɔ] 오	b**o**y [bɔi] 보이 소년	boy	
[u] 우	c**oo**k [kuk] 쿡 요리사	cook	
[i] 이	m**i**lk [milk] 밀크 우유	milk	
[e] 에	m**e**lon [melən] 멜런 멜론	melon	

[æ] 애
cat
[kæt] 캩
고양이

cat

♣ 장모음을 나타내는 발음기호

[ɑː] 아-
father
[fáːðər] 파-더
아버지

father

[ɑːr] 아-ㄹ
bar
[bɑːr] 바-ㄹ
막대기

bar

[əːr] 어-ㄹ
bird
[bəːrd] 버-ㄹ드
새

bird

[ɔː] 오-/어-
dog
[dɔ(ː)g] 독(-)
개

dog

[ɔːr] 오-ㄹ
morning
[mɔ́ːrniŋ] 모-ㄹ닝
아침

morning

[uː] 우-
movie
[múːvi] 무-비
영화

movie

[iː] 이-
teacher
[tíːtʃər] 티-쳐-ㄹ
선생님

teacher

PART 2
파닉스로 발음 익히기

101

PART 3

주제별 단어로

발음 익히기

- ✓ 1. 집안에서 쓰이는 단어로 발음 익히기   **104**
- ✓ 2. 의복에 관련된 단어로 발음 익히기   **112**
- ✓ 3. 주방에서 보이는 단어로 발음 익히기   **120**
- ✓ 4. 스포츠와 취미 단어로 발음 익히기   **128**
- ✓ 5. 가족에 관련된 단어로 발음 익히기   **136**

1 집안에서 쓰이는 단어로 발음 익히기

단어 미리보기

① bed 침대	② book 책	③ chair 의자	④ clock 시계
⑤ desk 책상	⑥ light 전등, 전기	⑦ pen 펜	⑧ pencil 연필
⑨ piano 피아노	⑩ sofa 소파	⑪ table 탁자	⑫ TV 텔레비전
⑬ window 창문	⑭ closet 옷장	⑮ computer 컴퓨터	⑯ curtain 커튼
⑰ radio 라디오	⑱ stereo 오디오	⑲ stove 난로	

♣ 그림을 보고 맞는 단어를 넣어보세요.

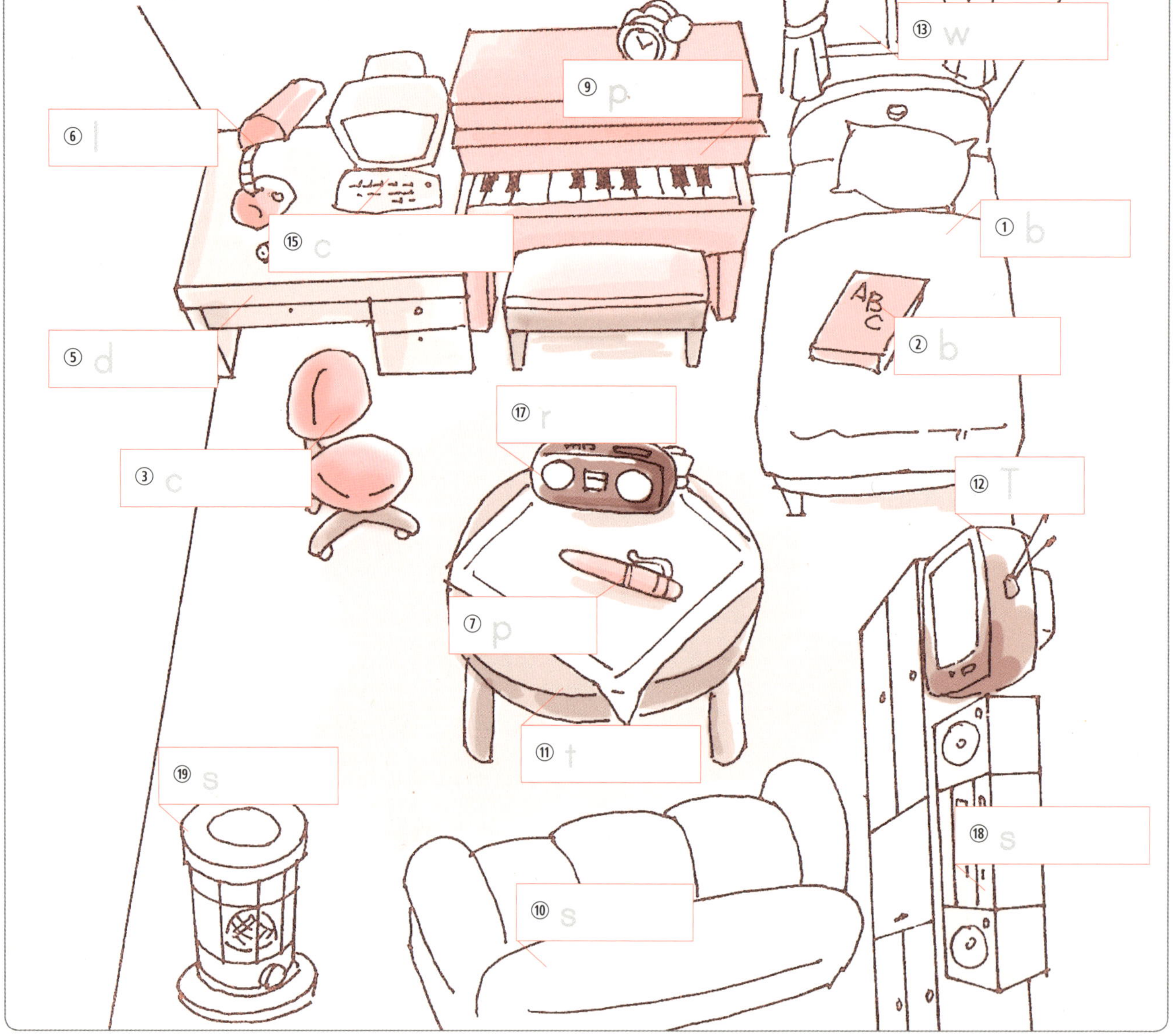

⑬ w
⑨ p
⑥ l
① b
⑮ c
ABC
② b
⑤ d
⑰ r
③ c
⑫ T
⑦ p
⑪ t
⑲ s
⑱ s
⑩ s

♣ 다음 문장을 읽고 따라 써보세요.

01 bed [bed] 침대 〈b의 발음〉

저것은 당신의 침대입니까?

Is that your bed?

Is that your bed?

예, 그렇습니다.

Yes, it is.

Yes, it is.

02 book [buk] 책 〈oo의 발음〉

당신은 영어책을 가지고 있습니까?

Do you have any English books?

Do you have any English books?

예, 가지고 있습니다.

Yes, I do.

Yes, I do.

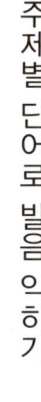

PART 3
주제별 단어로 발음 익히기

♣ 다음 문장을 읽고 따라 써보세요.

03 chair [tʃɛər] 의자 〈ch의 발음〉

저것은 누구의 의자입니까?

Whose chair is that?

Whose chair is that?

그것은 형의 것입니다.

It's my brother's.

It's my brother's.

04 clock [klɑk] 시계 〈c의 발음〉

저것은 무엇입니까?

What's that?

What's that?

그것은 시계입니다.

It's a clock.

It's a clock.

05 desk [desk] 책상 ⟨d의 발음⟩

이것은 당신의 책상입니까?

Is this your desk?

아니오, 아닙니다.

No, it's not.

06 light [lait] 전등, 전기 ⟨l의 발음⟩

불을 켜 주시겠습니까?

Will you turn on the light?

예.

Yes, I will.

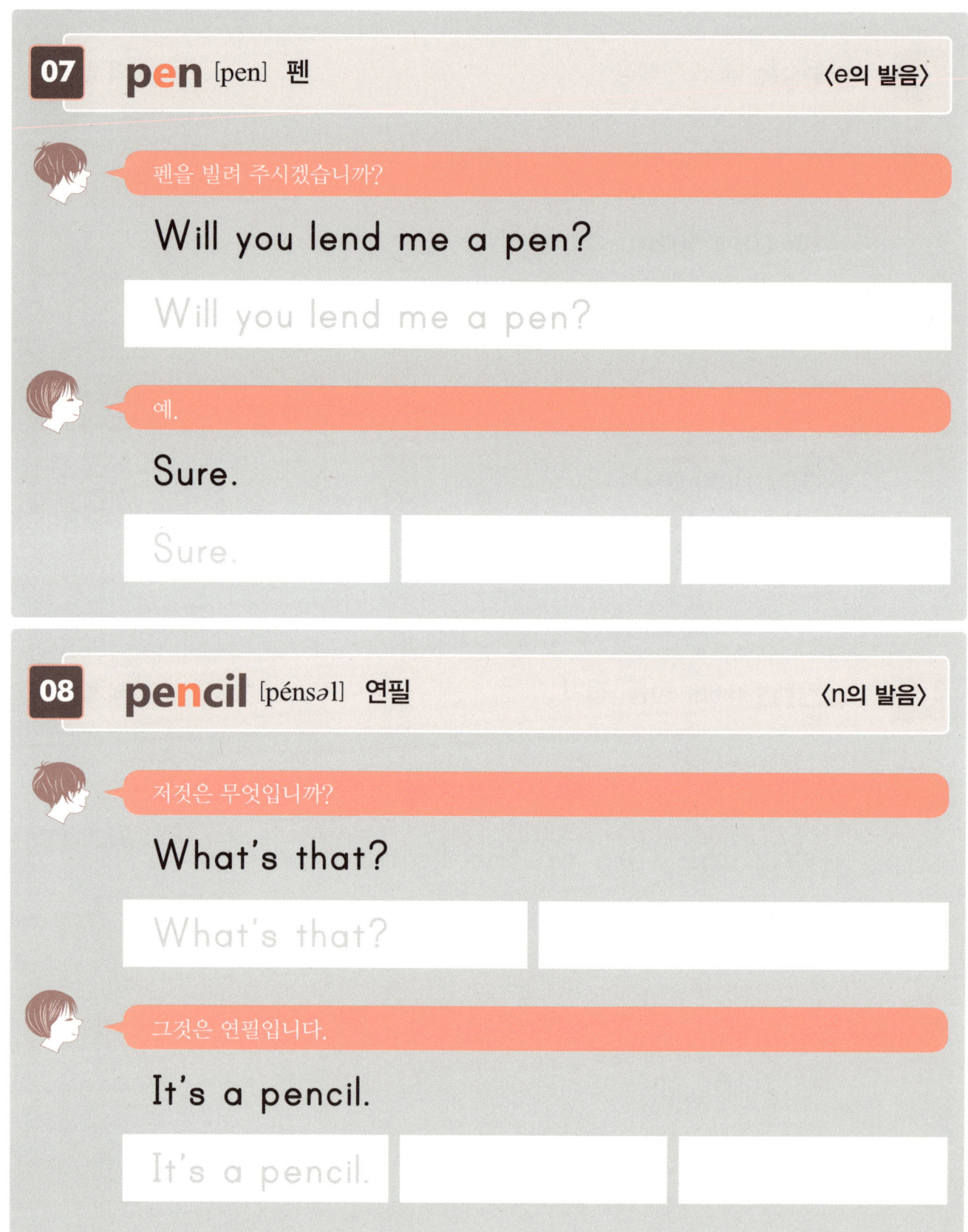

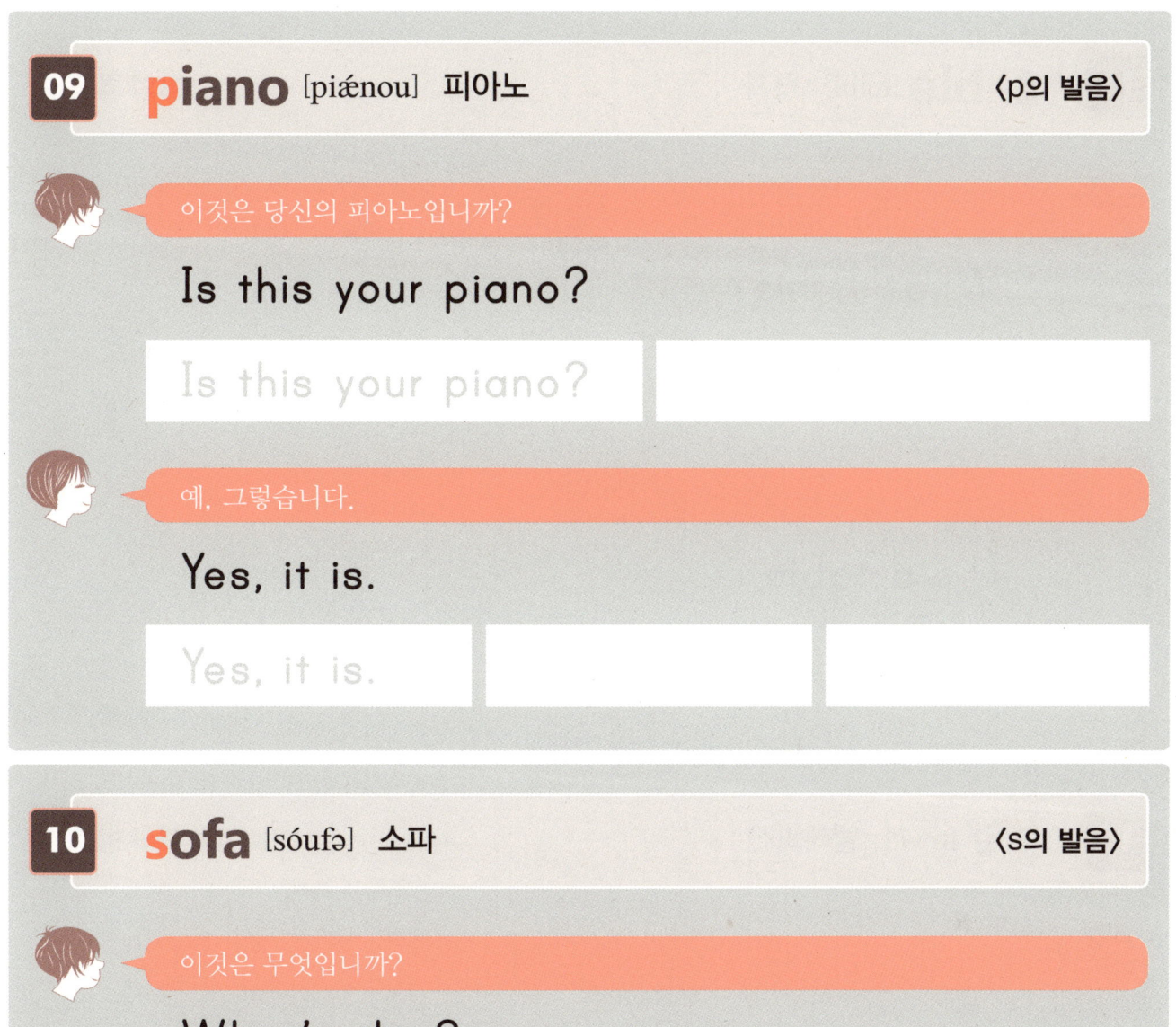

09 piano [piǽnou] 피아노 〈p의 발음〉

이것은 당신의 피아노입니까?

Is this your piano?

예, 그렇습니다.

Yes, it is.

10 sofa [sóufə] 소파 〈s의 발음〉

이것은 무엇입니까?

What's this?

그것은 소파입니다.

It's a sofa.

PART 3 주제별 단어로 발음 익히기

♣ 다음 문장을 읽고 따라 써보세요.

11 **ta**ble [téibl] 탁자　　　　　　　　　　　　　　　〈a의 발음〉

이것은 무엇입니까?

What's this?

What's this?

그것은 탁자입니다.

It's a table.

It's a table.

12 **T**V [tíːvíː] 텔레비전　　　　　　　　　　　　　　〈t의 발음〉

이것은 당신의 텔레비전입니까?

Is this your TV?

Is this your TV?

예, 그렇습니다.

Yes, it is.

Yes, it is.

13 window [wíndou] 창문 ⟨w의 발음⟩

창문을 열어 주시겠습니까?

Will you open the window?

Will you open the window?

예.

Yes, I will.

Yes, I will.

□ 옷장

closet
[klázit]

□ 컴퓨터

computer
[kəmpjú:tər]

□ 커튼

curtain
[kə́:rtn]

□ 라디오

radio
[réidiòu]

□ 오디오

stereo
[stériòu]

□ 난로

stove
[stouv]

PART 3 주제별 단어로 발음 익히기

2 의복에 관련된 단어로 발음 익히기

① hairband 헤어밴드　② belt 벨트　③ brush 솔　④ clothes 옷
⑤ coat 코트　⑥ dress 드레스　⑦ gloves 장갑　⑧ hat 모자
⑨ jewel 보석　⑩ shirt 셔츠　⑪ skirt 치마　⑫ vest 조끼
⑬ boots 부츠　⑭ cap 모자　⑮ handkerchief 손수건
⑯ necklace 목걸이　⑰ shoes 신발　⑱ socks 양말　⑲ suit 양복
⑳ sweater 스웨터　㉑ tie 넥타이　㉒ trousers 바지

♣ 그림을 보고 맞는 단어를 넣어보세요.

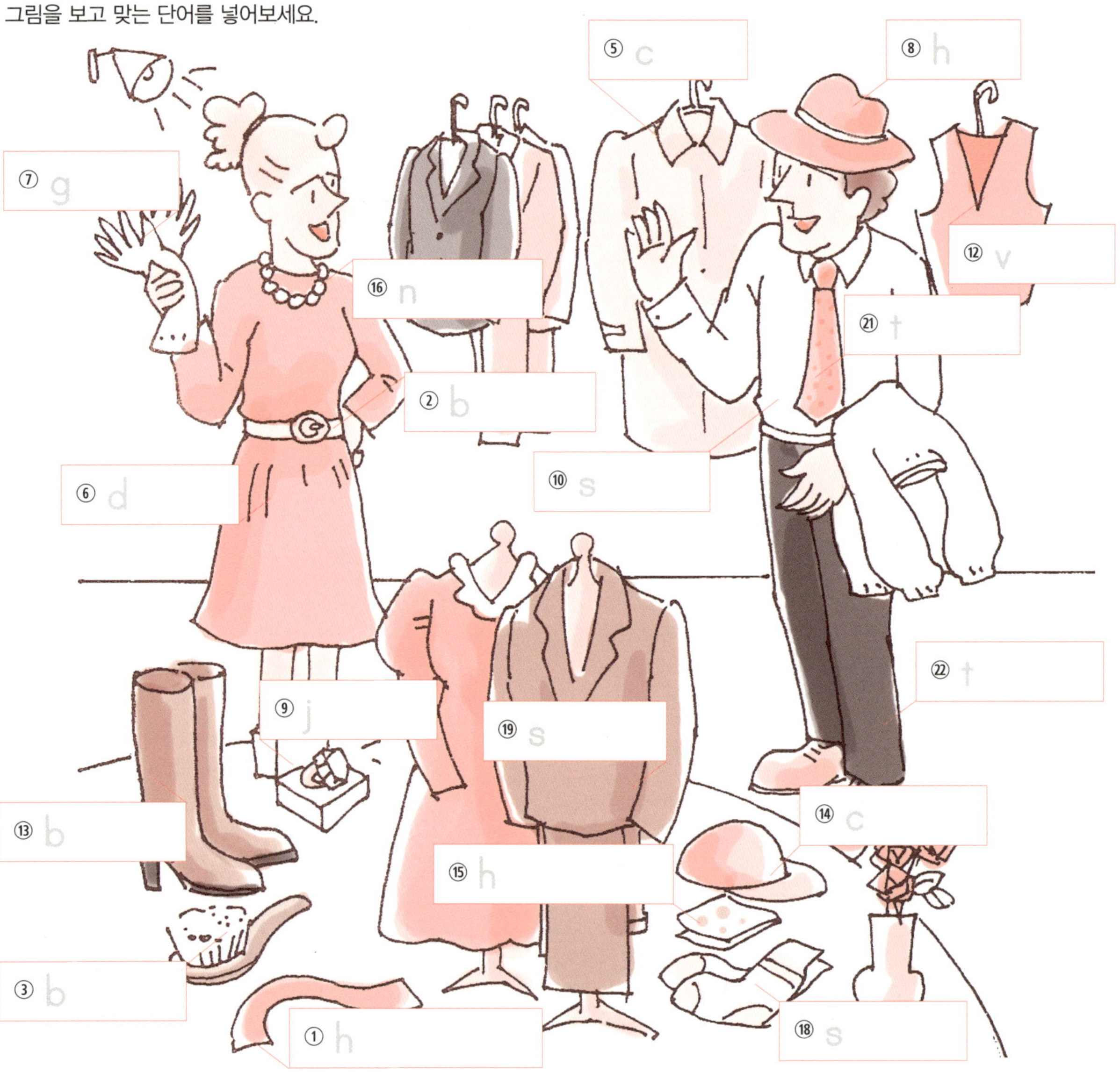

♣ 다음 문장을 읽고 따라 써보세요.

01 **hair**b**and** [hɛərbænd] 헤어밴드 〈b의 발음〉

내 헤어밴드는 어디 있습니까?

Where's my hairband?

Where's my hairband?

탁자 위에 있습니다.

It's on the table.

It's on the table.

02 **b**elt [belt] 벨트 〈b의 발음〉

저것은 무엇입니까?

What's that?

What's that?

그것은 벨트입니다.

It's a belt.

It's a belt.

PART 3
주제별 단어로 발음 익히기

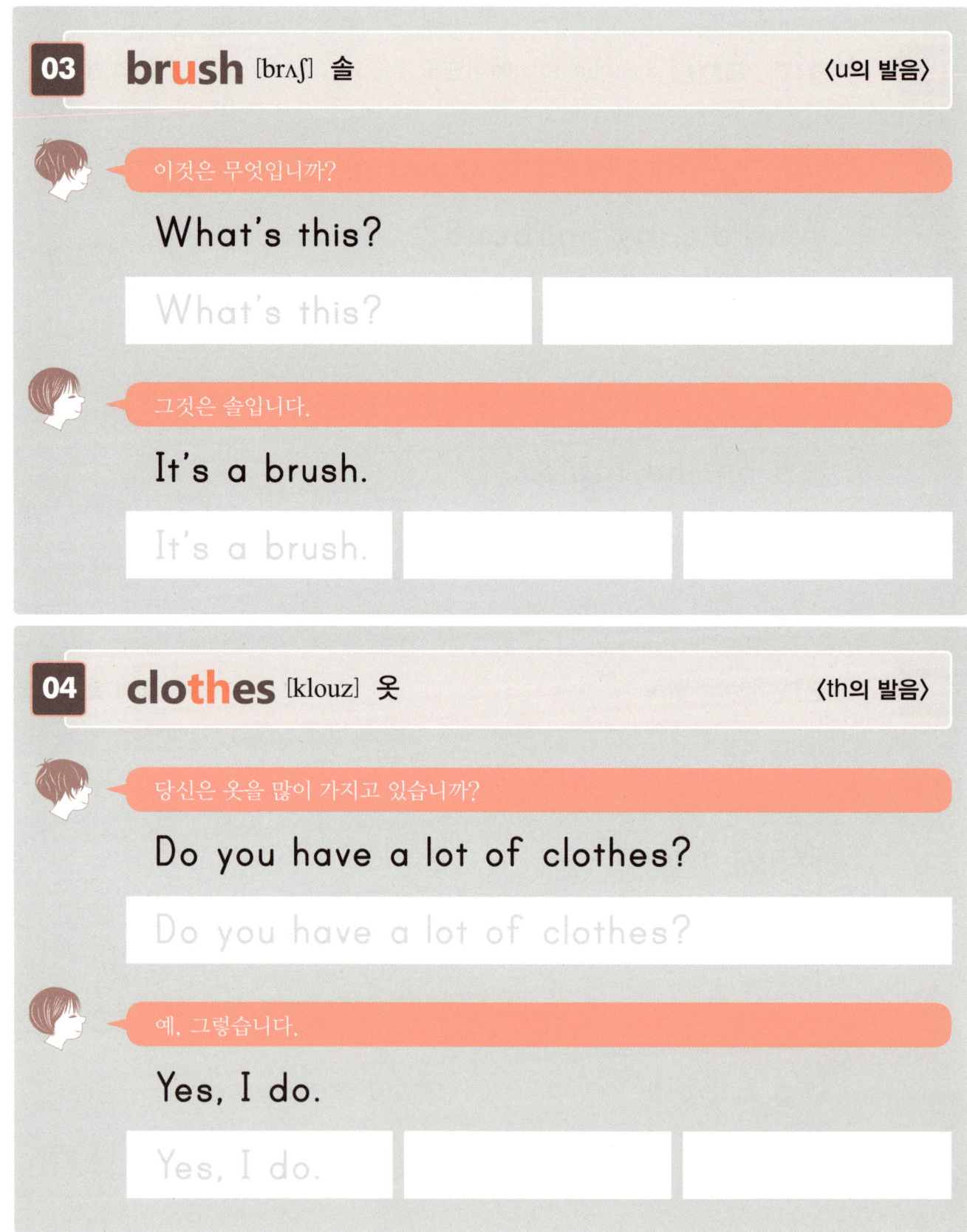

05 coat [kout] 코트 ⟨oa의 발음⟩

당신은 흰색 코트가 있습니까?

Do you have a white coat?

Do you have a white coat?

예. 있습니다.

Yes, I do.

Yes, I do.

06 dress [dres] 드레스 ⟨d의 발음⟩

당신은 빨간 드레스가 있습니까?

Do you have a red dress?

Do you have a red dress?

아뇨, 없습니다.

No, I don't.

No, I don't.

PART 3 주제별 단어로 발음 익히기

♣ 다음 문장을 읽고 따라 써보세요.

07 glove [glʌv] 장갑　　〈g의 발음〉

🗣 이것은 무엇입니까?

What's this?

What's this?

🗣 그것은 장갑입니다.

It's a glove.

It's a glove.

08 hat [hæt] 모자 〈테가 있는 것〉　　〈h의 발음〉

🗣 당신은 모자가 있습니까?

Do you have a hat?

Do you have a hat?

🗣 아뇨, 없습니다.

No, I don't.

No, I don't.

09 jewel [dʒúːəl] 보석 ⟨j의 발음⟩

저것은 무엇입니까?

What's that?

What's that?

그것은 보석입니다.

It's a jewel.

It's a jewel.

10 shirt [ʃəːrt] 셔츠 ⟨sh의 발음⟩

당신은 흰 셔츠가 있습니까?

Do you have a white shirt?

Do you have a white shirt?

예, 있습니다.

Yes, I do.

Yes, I do.

PART 3 주제별 단어로 발음 익히기

♣ 다음 문장을 읽고 따라 써보세요.

11 skirt [skə:rt] 치마 〈ir의 발음〉

당신은 빨간 치마가 있습니까?

Do you have a red skirt?

Do you have a red skirt?

아뇨, 없습니다.

No, I don't.

No, I don't.

12 vest [vest] 조끼 〈v의 발음〉

이것은 무엇입니까?

What's this?

What's this?

그것은 조끼입니다.

It's a vest.

It's a vest.

☐ 부츠
boots
[buːts]

☐ 모자 〈테가 없는 것〉
cap
[kæp]

☐ 손수건
handkerchief
[hǽŋkərtʃif]

☐ 목걸이
necklace
[néklis]

☐ 신발
shoes
[ʃuːz]

☐ 양말
socks
[sɑks]

☐ 양복
suit
[suːt]

☐ 스웨터
sweater
[swétər]

☐ 넥타이
tie
[tai]

☐ 바지
trousers
[tráuzəːrz]

PART 3 주제별 단어로 발음 익히기

3 주방에서 보이는 단어로 발음 익히기

① beef 쇠고기　② cake 케이크　③ cheese 치즈　④ chicken 닭고기
⑤ dish 접시　⑥ fruit 과일　⑦ glass 유리잔　⑧ ice cream 아이스크림
⑨ milk 우유　⑩ pie 파이　⑪ rice 밥　⑫ spoon 숟가락
⑬ beer 맥주　⑭ coffee 커피　⑮ cup 컵　⑯ fork 포크
⑰ juice 주스　⑱ knife 칼　⑲ tea 홍차　⑳ vegetable 야채
㉑ water 물　㉒ wine 포도주

♣ 그림을 보고 맞는 단어를 넣어보세요.

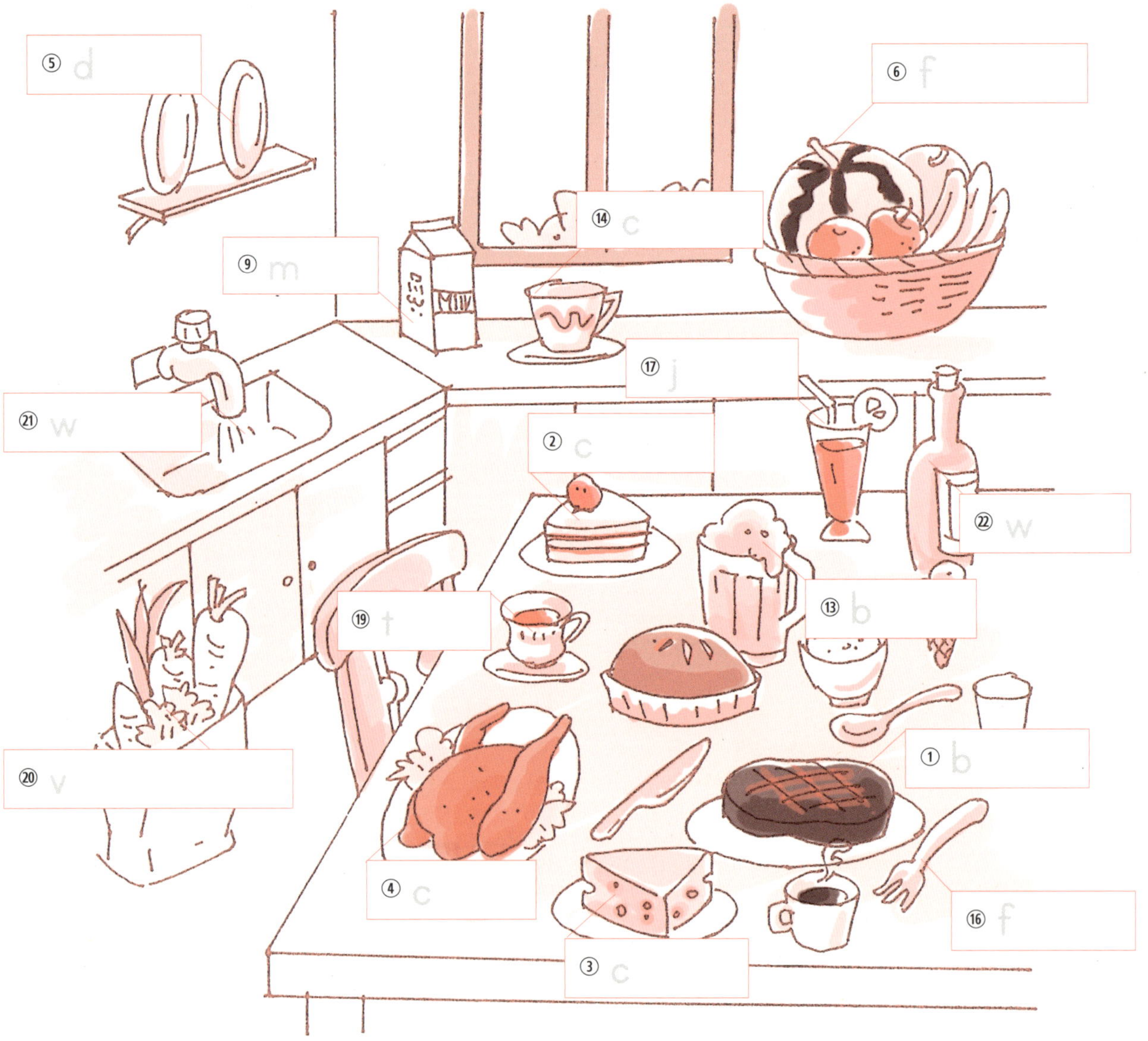

♣ 다음 문장을 읽고 따라 써보세요.

01 beef [biːf] 쇠고기 ⟨ee의 발음⟩

당신은 쇠고기를 좋아합니까?

Do you like beef?

Do you like beef?

예, 좋아합니다.

Yes, I do.

Yes, I do.

02 cake [keik] 케이크 ⟨c의 발음⟩

저것은 무엇입니까?

What's that?

What's that?

그것은 케이크입니다.

It's a cake.

It's a cake.

PART 3 주제별 단어로 발음 익히기

♣ 다음 문장을 읽고 따라 써보세요.

03 cheese [tʃiːz] 치즈 〈ch의 발음〉

당신은 치즈를 좋아합니까?

Do you like cheese?

Do you like cheese?

아뇨, 좋아하지 않습니다.

No, I don't.

No, I don't.

04 chicken [tʃíkin] 닭고기 〈ch의 발음〉

이것은 무엇입니까?

What's this?

What's this?

그것은 닭고기입니다.

It's chicken.

It's chicken.

05 dish [diʃ] 접시 〈i의 발음〉

당신은 붉은 접시가 있습니까?

Do you have a red dish?

Do you have a red dish?

아뇨, 없습니다.

No, I don't.

No, I don't.

06 fruit [fruːt] 과일 〈f의 발음〉

당신은 과일을 좋아합니까?

Do you like fruit?

Do you like fruit?

예, 좋아합니다.

Yes, I do.

Yes, I do.

PART 3 주제별 단어로 발음 익히기

♣ 다음 문장을 읽고 따라 써보세요.

07　glass [glæs] 유리잔　〈g의 발음〉

내 유리잔은 어디에 있습니까?

Where's my glass?

Where's my glass?

그것은 탁자 위에 있습니다.

It's on the table.

It's on the table.

08　ice cream [ais kri:m] 아이스크림　〈i의 발음〉

당신은 아이스크림을 좋아합니까?

Do you like ice cream?

Do you like ice cream?

예, 좋아합니다.

Yes, I do.

Do you like ice cream?

09 **milk** [milk] 우유　　　　　　　　　　　　　　　　〈m의 발음〉

당신은 우유를 좋아합니까?

Do you like milk?

Do you like milk?

아뇨, 좋아하지 않습니다.

No, I don't.

No, I don't.

10 **pie** [pai] 파이　　　　　　　　　　　　　　　　〈ie의 발음〉

당신은 파이를 좋아합니까?

Do you like pie?

Do you like pie?

예, 좋아합니다.

Yes, I do.

Yes, I do.

PART **3** 주제별 단어로 발음 익히기

125

♣ 다음 문장을 읽고 따라 써보세요.

11 rice [rais] 밥 〈r의 발음〉

밥입니까, 빵입니까?

Rice or bread?

밥을 주세요.

Rice, please.

12 spoon [spu:n] 숟가락 〈oo의 발음〉

내 숟가락은 어디 있습니까?

Where's my spoon?

그것은 탁자 위에 있습니다.

It's on the table.

☐ 맥주 **beer** [biər]

☐ 커피 **coffee** [kɔ́:fi]

☐ 컵 **cup** [kʌp]

☐ 포크 **fork** [fɔ:rk]

☐ 주스 **juice** [ʃu:z]

☐ 칼 **knife** [naif]

☐ 홍차 **tea** [ti:]

☐ 야채 **vegetable** [védʒətəbəl]

☐ 물 **water** [wɔ́:tər]

☐ 포도주 **wine** [wain]

PART 3 주제별 단어로 발음 익히기

4 스포츠와 취미 단어로 발음 익히기

① baseball 야구　② basketball 농구　③ cooking 요리　④ fishing 낚시
⑤ American football 미식축구　⑥ golf 골프　⑦ marathon 마라톤
⑧ reading 독서　⑨ soccer 축구　⑩ surfing 서핑　⑪ tennis 테니스
⑫ white ball 흰 공　⑬ cycling 자전거 경주　⑭ scuba diving 스쿠버 다이빙
⑮ swimming 수영　⑯ volleyball 배구　⑰ wrestling 레슬링

♣ 그림을 보고 맞는 단어를 넣어보세요.

⑤ A
⑨ s
⑥ g
⑯ v
⑬ c
② b
⑩ s
① b
⑦ m
③ c
④ f
⑧ r
⑭ s
⑮ s

♣ 다음 문장을 읽고 따라 써보세요.

01 baseball [béisbɔ̀:l] 야구 〈a의 발음〉

당신은 야구를 좋아합니까?

Do you like baseball?

Do you like baseball?

예, 좋아합니다.

Yes, I do.

Yes, I do.

02 basketball [bǽskitbɔ̀:l] 농구 〈a의 발음〉

당신은 농구를 합니까?

Do you play basketball?

Do you play basketball?

아뇨, 좋아하지 않습니다.

No, I don't.

No, I don't.

PART 3 주제별 단어로 발음 익히기

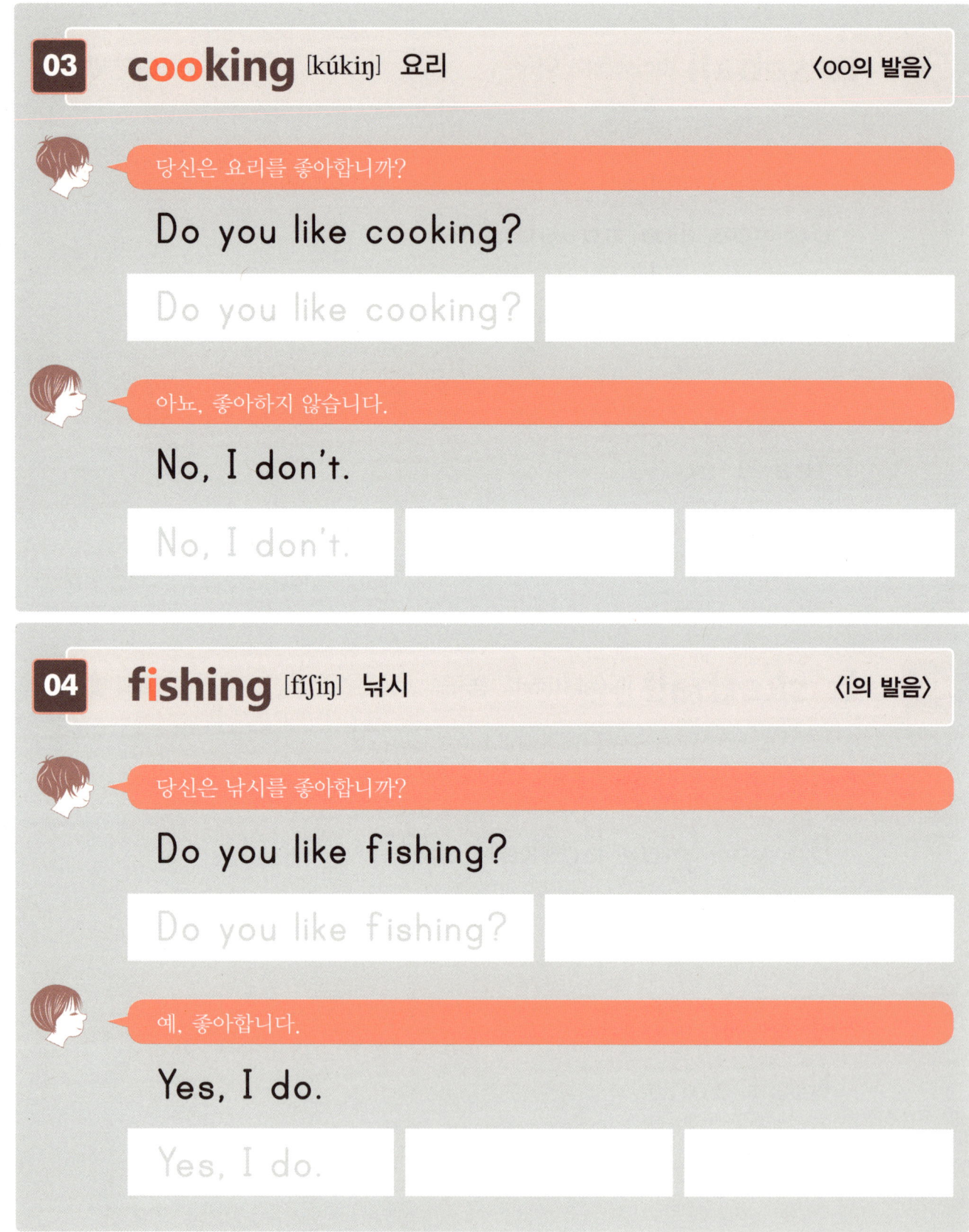

♣ 다음 문장을 읽고 따라 써보세요.

07 marathon [mǽrəθàn] 마라톤　　〈th의 발음〉

> 당신은 마라톤을 좋아합니까?

Do you like marathons?

Do you like marathons?

> 아뇨, 좋아하지 않습니다.

No, I don't.

No, I don't.

08 reading [ríːdiŋ] 독서　　〈ea의 발음〉

> 당신은 독서를 좋아합니까?

Do you like reading?

Do you like reading?

> 예. 좋아합니다.

Yes, I do.

Yes, I do.

09 soccer [sákər] 축구 〈o의 발음〉

당신은 축구를 합니까?

Do you play soccer?

Do you play soccer?

아뇨, 하지 않습니다.

No, I don't.

No, I don't.

10 surfing [sə́:rfiŋ] 서핑 〈ng의 발음〉

당신은 서핑을 좋아합니까?

Do you like surfing?

Do you like surfing?

예, 좋아합니다.

Yes, I do.

Yes, I do.

♣ 다음 문장을 읽고 따라 써보세요.

11 tennis [ténis] 테니스 ⟨e의 발음⟩

당신은 테니스를 합니까?

Do you play tennis?

Do you play tennis?

아뇨, 하지 않습니다.

No, I don't.

No, I don't.

12 white ball [hwait bɔːl] 흰 공 ⟨wh의 발음⟩

내 흰 공은 어디 있습니까?

Where's my white ball?

Where's my white ball?

그것은 책상 위에 있습니다.

It's on the desk.

It's on the desk.

☐ 자전거 경주
cycling
[sáikliŋ]

☐ 수영
swimming
[swímiŋ]

☐ 레슬링
wrestling
[résliŋ]

☐ 스쿠버 다이빙
scuba diving
[skjú:bə dáiviŋ]

☐ 배구
volleyball
[válibɔ̀:l]

PART 3

주제별 단어로 발음 익히기

5 가족에 관련된 단어로 발음 익히기

단어
미리보기

① bird 새
② brother 남자형제
③ cat 고양이
④ child 아이
⑤ dog 개
⑥ father 아버지
⑦ grandmother 할머니
⑧ husband 남편
⑨ mother 어머니
⑩ sister 여자형제
⑪ uncle 아저씨
⑫ wife 부인
⑬ aunt 아주머니
⑭ children 아이들
⑮ cousin 사촌
⑯ daughter 딸
⑰ grandfather 할아버지
⑱ nephew 조카
⑲ niece 조카딸
⑳ son 아들

♣ 그림을 보고 맞는 단어를 넣어보세요.

① b
⑭ c
⑮ c
⑯ d
⑦ g
⑥ f
⑪ u
④ c
⑲ n
⑨ m
③ c
⑬ a
⑰ g
⑩ s

♣ 다음 문장을 읽고 따라 써보세요.

01 bird [bəːrd] 새 〈ir의 발음〉

당신은 새를 좋아합니까?

Do you like birds?

Do you like birds?

예, 좋아합니다.

Yes, I do.

Yes, I do.

02 brother [brʌ́ðər] 남자형제 〈th의 발음〉

그는 당신의 형[동생]입니까?

Is he your brother?

Is he your brother?

아뇨.

No, he isn't.

No, he isn't.

PART 3 주제별 단어로 발음 익히기

♣ 다음 문장을 읽고 따라 써보세요.

03 cat [kæt] 고양이 〈a의 발음〉

저것은 무엇입니까?

What's that?

What's that?

그것은 고양이입니다.

It's a cat.

It's a cat.

04 child [tʃaild] 아이 〈ch의 발음〉

당신은 아이가 있습니까?

Do you have a child?

Do you have a child?

예, 있습니다.

Yes, I do.

Yes, I do.

05 dog [dɔ(ː)g] 개 ⟨o의 발음⟩

당신은 개를 기릅니까?

Do you have a dog?

Do you have a dog?

아뇨, 기르지 않습니다.

No, I don't.

No, I don't.

06 father [fάːðər] 아버지 ⟨a의 발음⟩

그가 당신의 아버지입니까?

Is he your father?

Is he your father?

예, 그렇습니다.

Yes, he is.

Yes, he is.

PART 3 주제별 단어로 발음 익히기

♣ 다음 문장을 읽고 따라 써보세요.

07 grandmother [grǽndmʌ̀ðər] 할머니 〈g의 발음〉

> 그녀가 당신의 할머니입니까?

Is she your grandmother?

Is she your grandmother?

> 아뇨, 그렇지 않습니다.

No, she isn't.

No, she isn't.

08 husband [hʌ́zbənd] 남편 〈u의 발음〉

> 그가 당신 남편입니까?

Is he your husband?

Is he your husband?

> 아뇨, 그렇지 않습니다.

No, he isn't.

No, he isn't.

09 mother [mʌ́ðər] 어머니 ⟨o의 발음⟩

당신 어머니는 어디 계십니까?

Where's your mother?

Where's your mother?

외출하셨습니다.

She's out.

She's out.

10 sister [sístər] 여자형제 ⟨i의 발음⟩

그녀는 당신 여동생입니까?

Is she your sister?

Is she your sister?

예, 그렇습니다.

Yes, she is.

Yes, she is.

PART 3 주제별 단어로 발음 익히기

♣ 다음 문장을 읽고 따라 써보세요.

11. uncle [ʌ́ŋkl] 아저씨 ⟨u의 발음⟩

그가 당신의 아저씨입니까?

Is he your uncle?

아뇨, 그렇지 않습니다.

No, he isn't.

12. wife [waif] 부인 ⟨w의 발음⟩

당신의 부인은 어디 있습니까?

Where's your wife?

그녀는 부엌에 있습니다.

She is in the kitchen.

☐ 아주머니
aunt
[ænt]

☐ 할아버지
grandfather
[grændfɑ́:ðər]

☐ 아이들
children
[tʃíldrən]

☐ 조카
nephew
[néfju:]

☐ 사촌
cousin
[kʌ́zn]

☐ 조카딸
niece
[ni:s]

☐ 딸
daughter
[dɔ́:tər]

☐ 아들
son
[sʌn]

PART **3** 주제별 단어로 발음 익히기